patrick müller
rolf friesz

ERMÖGLICHT DURCH
karin resetarits & martin kraml

MACADEMIA VERLAG

Die dekonstruktive Küche

Eine ganze Nacht haben wir über und mit PM diskutiert: Ist ein guter Koch ein Künstler? Viele Argumente sprachen dafür, einige dagegen.
Immer wieder stießen wir dabei auf die Frage, was macht einem zum Künstler, was ist Kunst.
Je weniger jemand mit Kunst zu tun hat, desto höher sind seine Ansprüche an das, was Kunst und Künstler können sollen und/oder müssen.

Weil aber die tatsächliche Qualität nicht bewertet werden kann, stiehlt man sich aus der Beurteilung und hängt oft ein massentaugliches Star- vorne dran. Und wo ein Star ist, sind die Allüren, Fotografen, Klatschspalten und Adabeis nicht weit. Das gilt für Köche genauso wie für Künstler.

Wenn ich jetzt sage, ernsthafte Köche spielen da aber gar nicht mit, ist das Wort „ernsthaft" irreführend und bezieht sich nicht auf die Person oder die Tätigkeit, sondern auf die Art und Weise der Annäherung an das Thema, was aber Lockerheit und Humor nicht ausschließt.

PM geht die Planung eines Essens eher wie ein guter Architekt an. Er kocht nicht ins Leere. Er interessiert sich für seine Klientel. Wer sind die Menschen, was wollen sie sein, wie sehen sie sich und wie wollen sie gesehen werden? Sind sie Eintopf-Gala-risten oder Carpaccio-Luncher, Fisch-Liebhaber vom Land, oder blunzn-gierig metropol?
Feiern sie Hochzeit, Geburt, Bar Mizwah, oder den 50er?

Er interessiert sich für die Umgebung. Wird in einem Loft diniert, in einem Gasthaus geschmaust, oder auf einer Gartenparty gebruncht. Jede Information wird aufgesogen und mit seinen Assoziationen vermengt, bevor er in die Geschichte der Gerichte abtaucht, er im eigentlichen Vokabular seiner Sprache wühlt, um dann mit einmaligen Speisen und -folgen wieder aufzutauchen.

Es ist immer leicht in Kunst und Küche, sich Stile anzueignen, Moden unterzuordnen, oder auf der Welle eines Trends mit zu schwimmen. Von PM bekommt man aber mit Sicherheit kein Mahl aus einer Schublade.

Das Ergebnis seiner Recherche ist weder nouvelle noch molekular, sondern eher postmodern. Seine Resource ist die weite Palette aller Richtungen. Er ist kein Vertreter einer Schule.
Er geht nicht den Beschränkungen der vorgefertigten Kästchen auf den Leim. Und wenn doch eingeschränkt wird, dann schon selbst gewählt, um z.B. die Vielfalt einer Zutat zu zeigen.
PM ist ein Koch ist ein Koch ist ein Koch. Nicht mehr und nicht weniger, bin ich versucht zu sagen, aber das wird ihm nicht gerecht. Wenn er vom Kochen spricht, so spürt man eine Begeisterung, eine Leidenschaft und Sinnlichkeit, wie ich sie nur von Künstlern kenne.

Rudi Stanzel, Maler

AUSSER
BETRIEB
RESTAURATION
3., Maria-Jacobi-Gasse

themen

frutti di mare

am anfang war das meer und die geschichte mit den verbotenen früchten,
die genesis

die wiener genesis ist eine illuminierte handschrift, die wahrscheinlich in syrien in der ersten hälfte des 6. jahrhunderts gefertigt wurde. sie ist der älteste, gut erhaltene, illustrierte biblische kodex und mit silbertinte in unzialschrift auf purpur gefärbtem kalbspergament geschrieben. die illustrationen sind in einem naturalistischen stil gehalten, der typisch für die römische malerei dieser zeit ist. das format der illustrationen ist ein übergang zwischen den kleinen, ungerahmten einzelbildern, wie sie in schriftrollen üblich waren, und den späteren bildern der kodizes. es gibt sowohl gerahmte wie auch ungerahmte illustrationen.

purpur ist die allgemeine bezeichnung für nuancen zwischen blau und rot.
das wort purpur geht auf althochdeutsch [weiblich] purpur[a] zurück,
das dem lateinischen purpura entstammt.
es ist entlehnt aus altgriechisch πορφύρα porphyra für einen farbstoff von schalentieren.

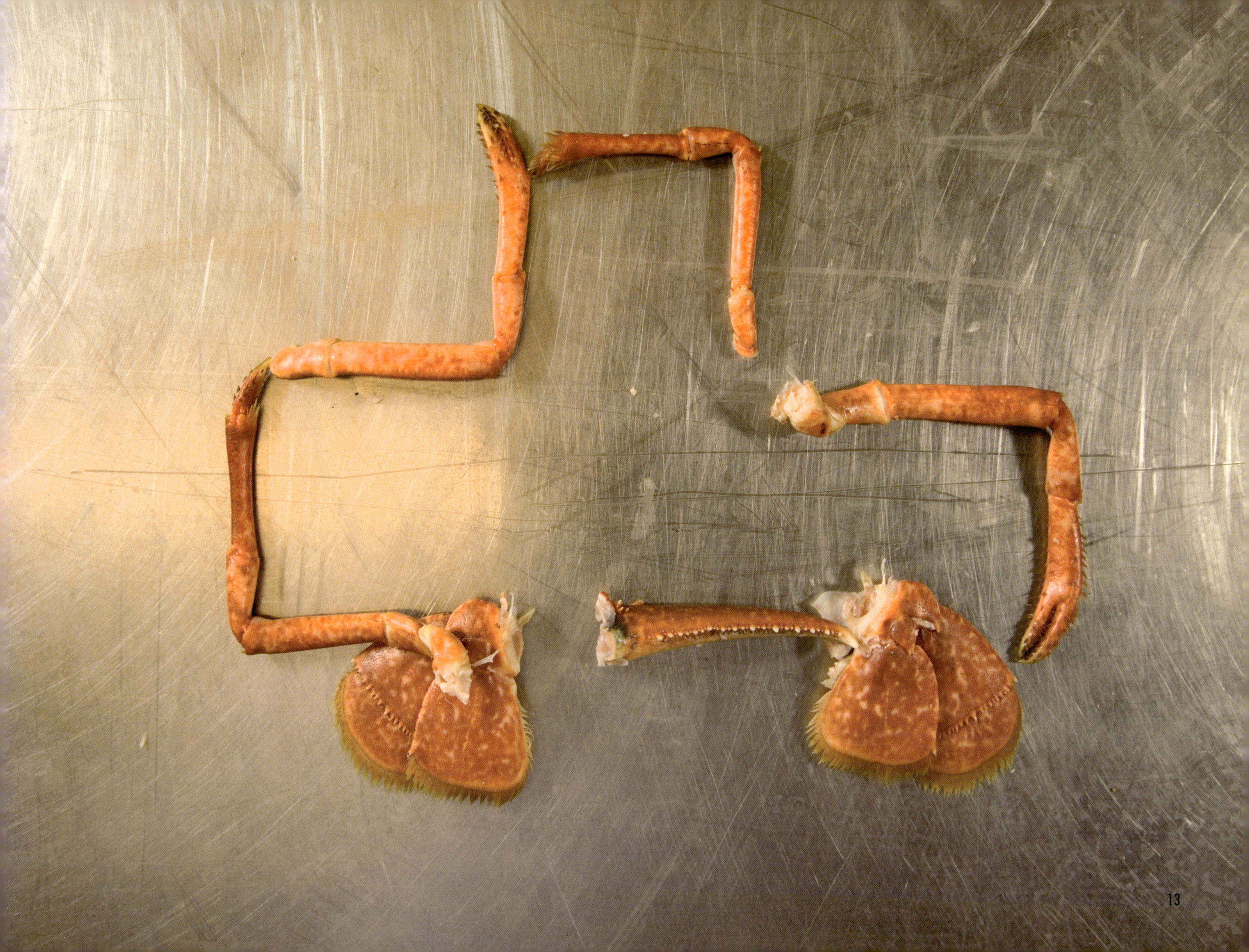

hummertartar mit mariniertem saibling

surf and turf

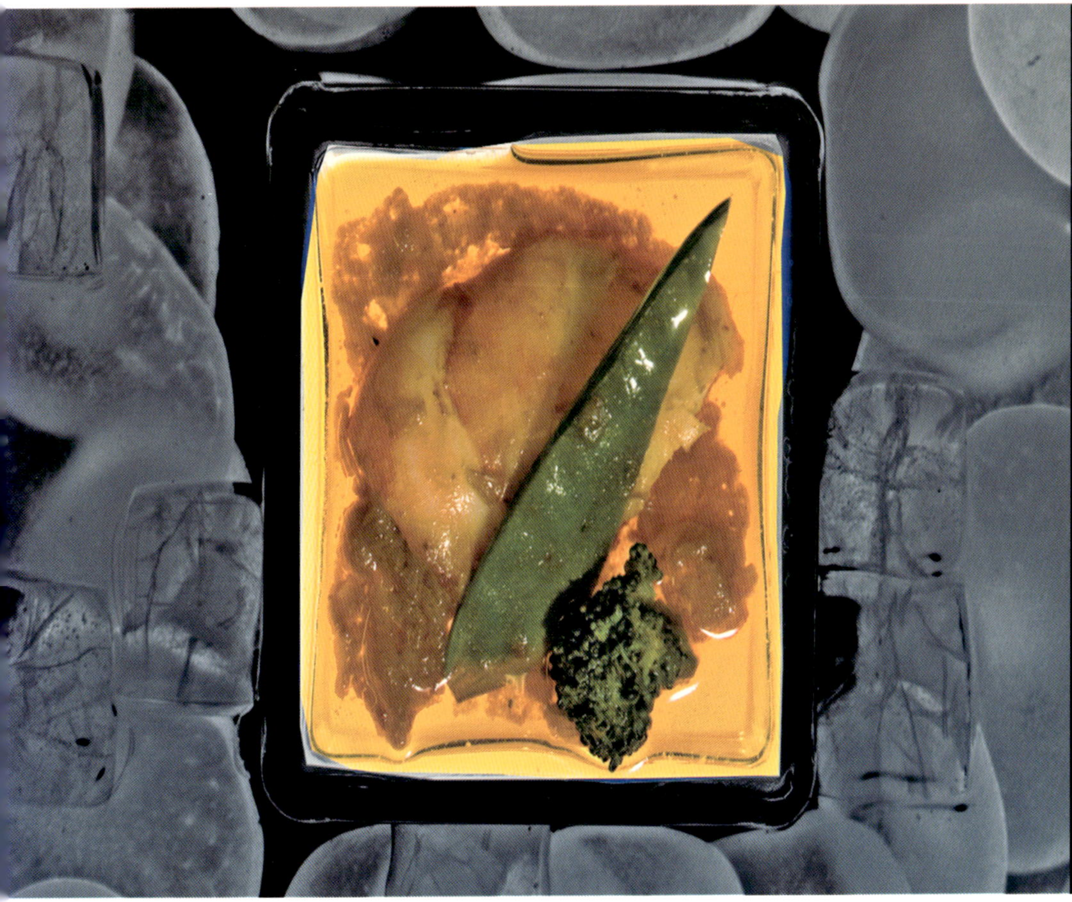

garnelencurry

hummer mit eingelegtem pfirsich

hummer mit kutteln

gegrillter hummer mit bohnen

hummer mit kraut und linsen

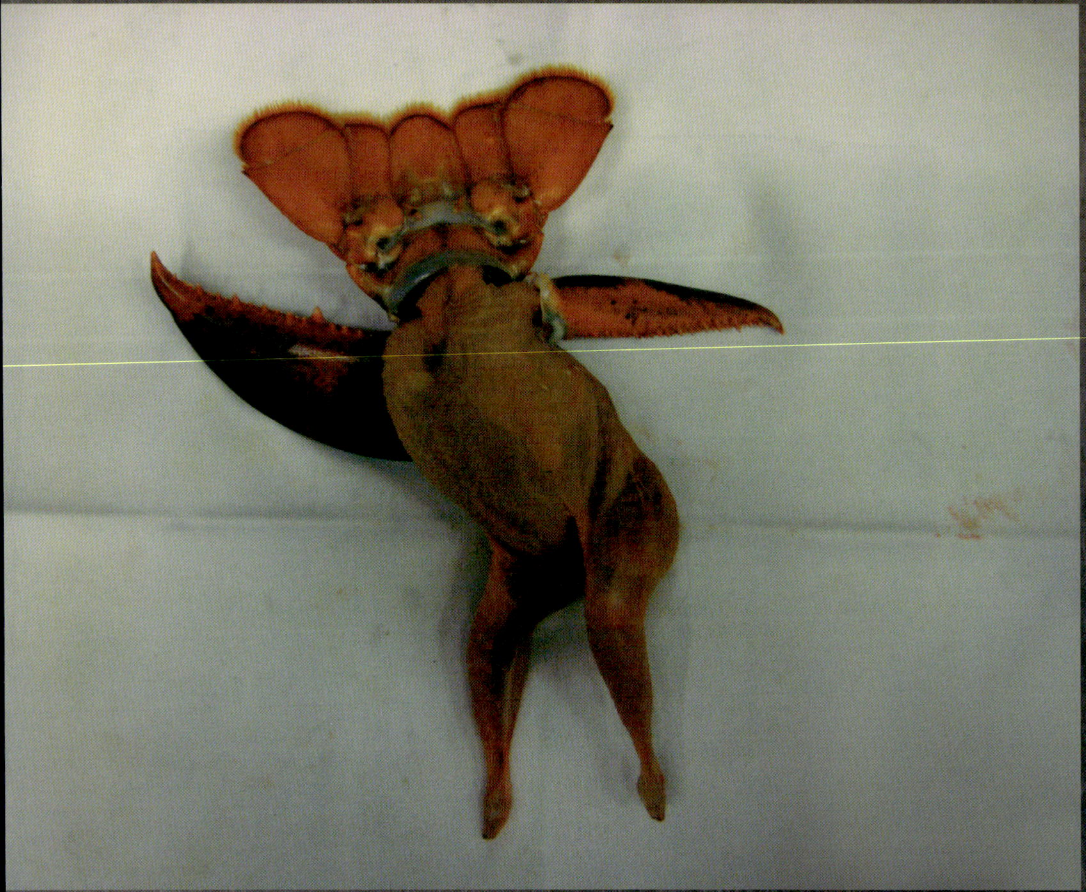

„es würde meinen ansprüchen gewiss nicht genügen, wenn man mir bloß die pflanzstätte und quelle des lebens zu verdanken hätte und ich nicht auch zeigen könnte, dass alles was das leben lebenswert macht, ausschließlich meiner leistung und gunst zu zuschreiben ist."

- erasmus v. rotterdam - lob der torheit

sieh nieder, zeus,
auf meine welt: sie lebt!
Ich hab sie geformt nach meinem bilde
ein geschlecht, das mir gleich sei,
zu leiden zu weinen, zu genießen und zu freuen sich
und dein nicht zu achten
wie ich

- goethe - der gefesselte prometheus

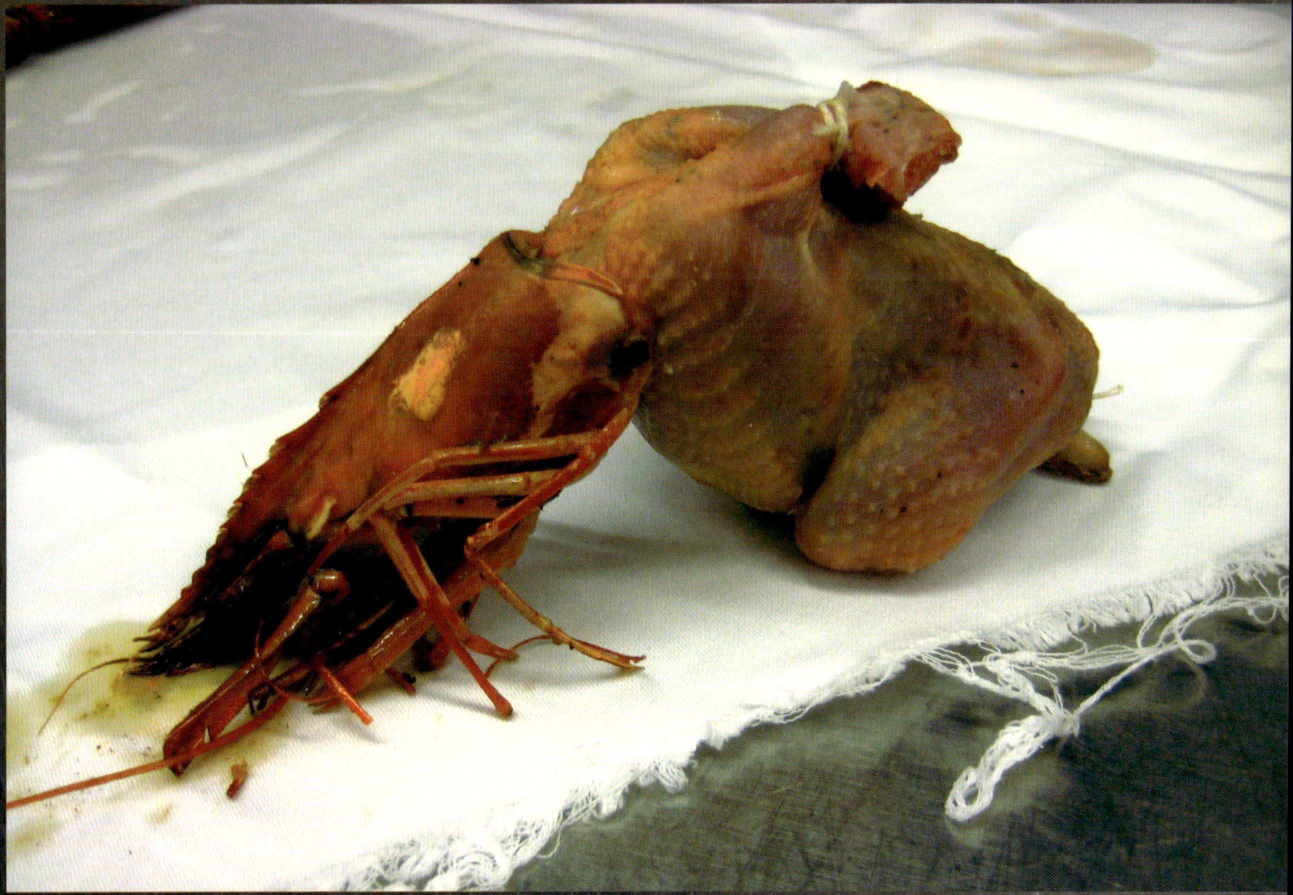

die argonauten:

1. akastos
2. admetos
3. aithalides
4. amphiaraos
5. amphion
6. ankaios
7. argos
8. askalaphos
9. asterion
10. atalante
11. autolykos
12. butes
13. echion
14. erginos
15. euphemos
16. euryalos
17. herakles
18. hylas
19. idas
20. idmon
21. iason
22. iolaos
23. kalais
24. kanthos
25. kastor
26. kepheus
27. klythios
28. kytissoros
29. laertes
30. lynkeus
31. melas
32. meleagros
33. menoitios
34. mopsos,
35. neleus
36. nestor
37. oileus
38. orpheus
39. palaimon
40. peleus
41. philoktetes
42. phrontis
43. peirithoos
44. poeas
45. poriklymenos
46. polyphemos
47. polydeukes
48. talaos
49. telamon
50. theseus
51. tiphys
52. zetes

argonauten (argonauta spec.) gehören zu den kopffüßlern (cephalopoden) und hier in die verwandtschaftsgruppe der achtarmigen tintenfische.

argonauten sind getrenntgeschlechtlich. die befruchtung der weibchen erfolgt wie bei den meisten kraken durch einen speziell umgestalteten arm der männchen, den hectocotylus. anders als bei anderen kraken löst sich der hectocotylus mit der spermatophore jedoch komplett ab und ist in der lage, auch über weite entfernungen ein weibchen zu finden und zu befruchten. entsprechend wurde der abgetrennte arm wissenschaftlich viel früher bekannt als das männchen, er wurde jedoch fälschlicherweise als parasitärer fadenwurm in der mantelhöhle der weibchen beschrieben.

gefüllte calamari mit paprika

tintenfischcarpaccio

oktopus - hummergröstl

wenn er künftig einen weniger frivolen gegenstand wählte und sich noch ein bisschen mehr zusammennähme, so würde er dinge machen, die über alle begriffe wären.

- goethe -

fisch und kraut

fisch
das griechische wort für fisch Ἰχθύσ enthält ein kurzgefasstes glaubensbekenntnis (ιησούσ χριστόσ θεού υιόσ σωτήρ[ασ]):

ιησούσ - iēsous (neugr. isús) „jesus"
χριστόσ - christós „christus" (d.h. „der gesalbte")
θεού - theoú „gottes"
υιόσ - hyiós (neugr. iós) „sohn"
σωτήρ - sotér (neugr. sotíras) „retter"/„erlöser"

das (i-ch-th-y-s-) symbol besteht aus zwei gekrümmten linien, die einen fisch darstellen.

schon von den ersten urchristen als erkennungs- und geheimzeichen benutzt:
eine person zeichnete einen bogen in den sand, die andere vollendete das symbol mit dem gegenbogen und zeigte sich damit als bruder oder schwester in christus.

kraut
das wort kraut stammt vom althochdeutschen wort krut ab und bedeutet nutzbares gewächs im gegensatz zu unkraut.

unfisch
ist ein märchenhafter film, in dem eine dörfische kulturgemeinde nicht versteht mit einem von aussen kommenden geschenk, sinnvolles zu schaffen und aufgrund dessen in der vernichtung des unfischs den rückschritt sucht.

unkraut
sind pflanzen der spontanen begleitvegetation in kulturpflanzenbeständen, grünland oder gartenanlagen, die dort nicht gezielt angebaut werden und aus dem samenpotential des bodens oder über zuflug zur entwicklung kommen. im allgemeinen sprachgebrauch ist das hauptkriterium, um eine pflanze als unkraut zu bezeichnen, dass sie unerwünscht ist. je nach sicht kann ein zu befürchtender wirtschaftlicher schaden oder ein ästhetischer grund der auslöser für das störungsempfinden sein.

die auslegung des begriffs unkraut hängt stark vom subjektiven menschlichen empfinden ab. so werden manche pflanzenarten pauschal als unkraut klassifiziert. dies ist dem grundprinzip nach falsch, da die art selbst als unkraut, nutzpflanze, heilkraut, zeigerpflanze oder in anderer form auftreten kann. zum unkraut wird sie erst dann, wenn sie als "störend" empfunden wird. unterschiedliche auffassungen hierüber führen häufig zu nachbarschaftsstreitigkeiten, manchmal sogar zu politischen debatten.

forellenfilet mit krauttaschen und erdäpfelkas

instanzen der disziplinierung

die funktionalen plätze, in denen diese unterwerfung vollzogen wird und in denen damit die macht der disziplin besonders stark zum ausdruck kommt, werden von foucault „einschließungsmilieus" genannt. das sind die orte der vermittlung und kontrolle der geltenden normen und werte. unter dem begriff einschließungsmilieus werden beispielsweise schulen, kasernen, fabriken, krankenhäuser, arbeitshäuser oder gefängnisse subsumiert und strukturell in verbindung zueinander gebracht. all diese disziplinarsysteme haben sich durch die gesamte gesellschaft hindurch ausgebreitet und vervielfältigt. sie alle dienen dazu, die „individuen anzuordnen, zu fixieren und räumlich zu verteilen und zu klassifizieren um das höchstmaß an zeit und das höchstmaß an kräften aus ihnen herauszuholen, um ihren körper zu dressieren, ihr ganzes verhalten zu codieren." um dieses ziel zu erreichen ist auch eine lückenlose überwachung der individuen von nöten.

all die verschiedenen institutionen der disziplinierung haben also das vergleichbare ziel der herstellung von ordnung bei gleichzeitiger betonung der wichtigkeit von produktivität. foucault geht in seiner these der vergleichbarkeit der verschiedenen institutionen sogar so weit, dass er eine qualitative unterscheidung der verschiedenen einschließungsmilieus gänzlich in frage stellt: „das gefängnis ist eine etwas strengere kaserne, eine unnachgiebige schule, eine düstere werkstatt, letztlich nichts qualitativ verschiedenes." die macht der disziplin ist also in allen bereichen des lebens zu spüren und die individuen durchlaufen in ihrem leben zwangsläufig eine reihe von institutionen, die sich trotz oberflächlicher unterschiedlichkeit in aufbau und funktion ähnlich sind.

die disziplinargesellschaft ist geprägt von einem netz an einschließungsmilieus, das keine außenseite besitzt. „das individuum wechselt immer wieder von einem geschlossenen milieu zum nächsten über, jedes mit eigenen gesetzen: zuerst die familie, dann die schule […], dann die kaserne […], dann die fabrik, von zeit zu zeit die klinik, möglicherweise das gefängnis, das einschließungsmilieu schlechthin.

krautsuppe mit saiblingsroulade

TUNNELBAU
AUSSTELLUNG
MONTANUNIVERSITÄT

zander mit krautfleckerl

gefängnis als instanz der disziplin

in diesem lückenlos gespannten netz der disziplinartechniken stellt das gefängnis einen knotenpunkt dar, der genauere betrachtung verdient. es kann davon ausgegangen werden, dass die praxis des bestrafens und des strafrechts herangezogen werden kann, um verschiedene gesellschaftsformen zu analysieren und zu beschreiben. foucault sieht im gefängnis ein charakteristikum der disziplinargesellschaft und weist bereits im untertitel von überwachen und strafen - die geburt des gefängnisses auf die relevanz dieser bestrafungsform hin. es wurde bereits erwähnt, dass die für die disziplinargesellschaft typischen einschließungsmilieus wie schulen, werkstätten oder krankenhäuser alle eine strukturelle ähnlichkeit mit dem gefängnis aufweisen.

forelle mit sauerkraut und kernöl

rollmops mit nashibirne, gurken und friséesalat

karpfengulasch

eierspeis

ich bitte darum mein recht zu schweigen in anspruch nehmen zu dürfen.

servierVorschlag

zeuge
ie Presse

eiernudeln mit weißer trüffel

eistich mit bärlauch

ALIASALIASALI
ATMEN, ATMEN
JEDEN TAG
ATMEN!
Protect
ya neck!
12

``oh faulheit, erbarme du dich des unendlichen elends!
oh faulheit, mutter der künste und der edlen tugenden, sei du der balsam für die schmerzen der menschheit"

- paul lafargue - das recht auf faulheit

pochiertes ei in sour mit parmesan

spiegelei mit spinat und kartoffeln

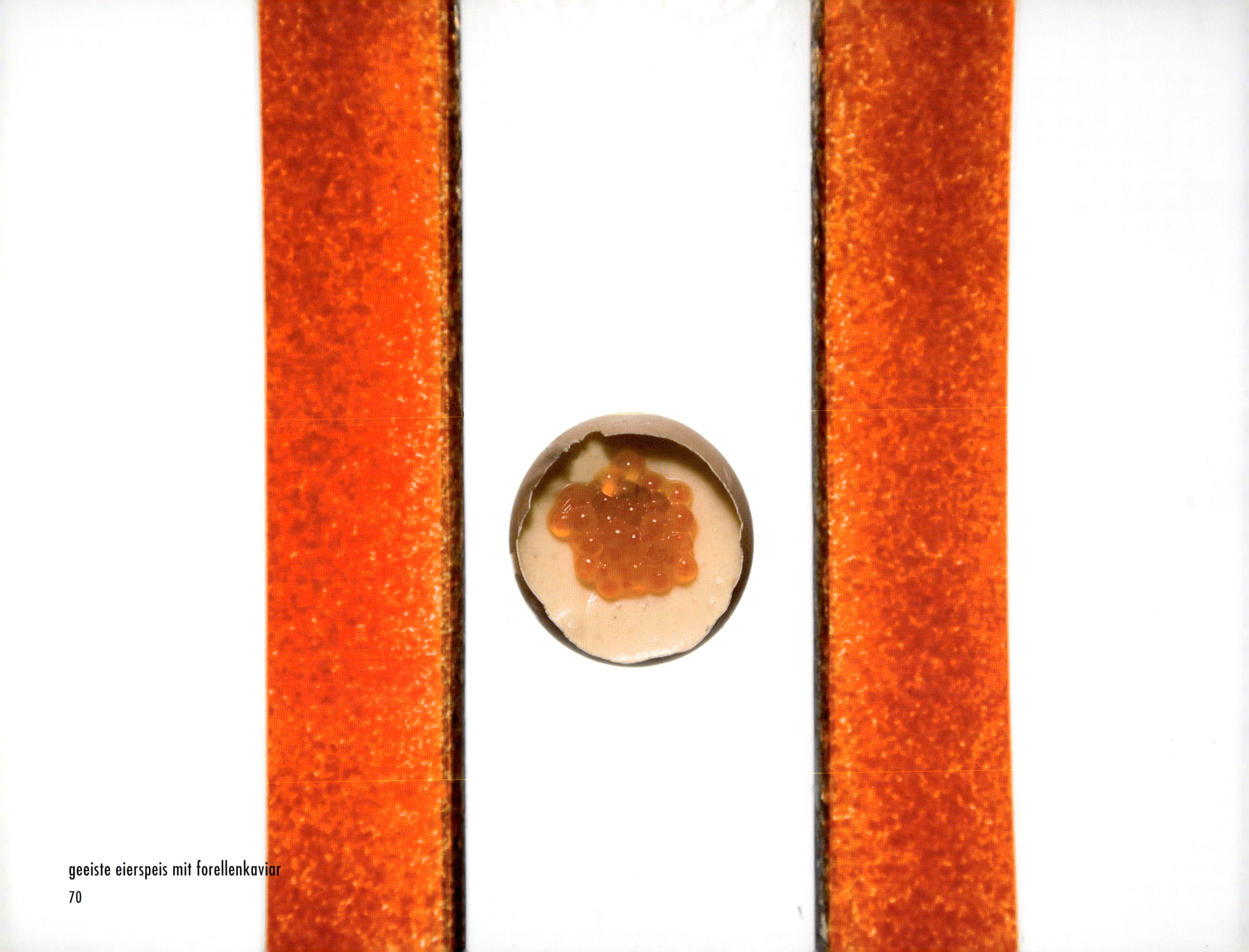

geeiste eierspeis mit forellenkaviar

„wer immer lebensmittel gewerbsmäßig verkauft, muß ausreichende kenntnisse besitzen, um die beschaffenheit seiner waren beurteilen zu können"

oberster gerichtshof , republik österreich

blut
der saft des lebens und des todes.

blut ist wohl die am meisten mythologisch belegte zutat überhaupt. Sie findet sich im gründungsmythos der nation österreich ebenso wie am berg sinai beim empfang der zehn gebote („seht, das ist das blut des bundes, den der herr mit euch geschlossen hat aufgrund all dieser worte … und als sie gott geschaut hatten, aßen und tranken sie.") oder beim letzten abendmahl („und während sie aßen, nahm jesus das brot, dankte und brach es und gab es ihnen und sprach: nehmt, das ist mein leib. und er nahm den kelch und dankte und gab ihnen den; und sie tranken alle daraus. und er sprach zu ihnen: das ist mein blut des neuen bundes, das für viele vergossen wird. wahrlich ich sage euch: ich werde fortan nicht trinken vom gewächs des weinstocks bis zu dem tag, an dem ich neu trinke im reich gottes.")

während die beiden religionen das blutopfer als zentrales element eines im gedachten anwesen gottes zelebrierten gemeinschaftlichen mahls bewahrten, blieb bei den österreichern nur die gemeinschaft bildende grundhaltung „is mir blunzn" übrig.

so schuf jener ein neues götzenhaus, das wirtshaus, wo er fortan den ausschweifungen und dem ausrasten frönt.

dort fühlt er sich im wir z'haus, im kleinkarierten, im völkischen und relativiert so allerlei begangene verbrechen..

eines der schillernsten beispiele hierfür ist konrad lorenz, dessen hauptforschungsobjekt, die gans, ich stellvertretend gerne bis zur fettleber stopfen lasse, um der ältesten festfreude der menschheit, der grausamkeit zu frönen.

blunz´n

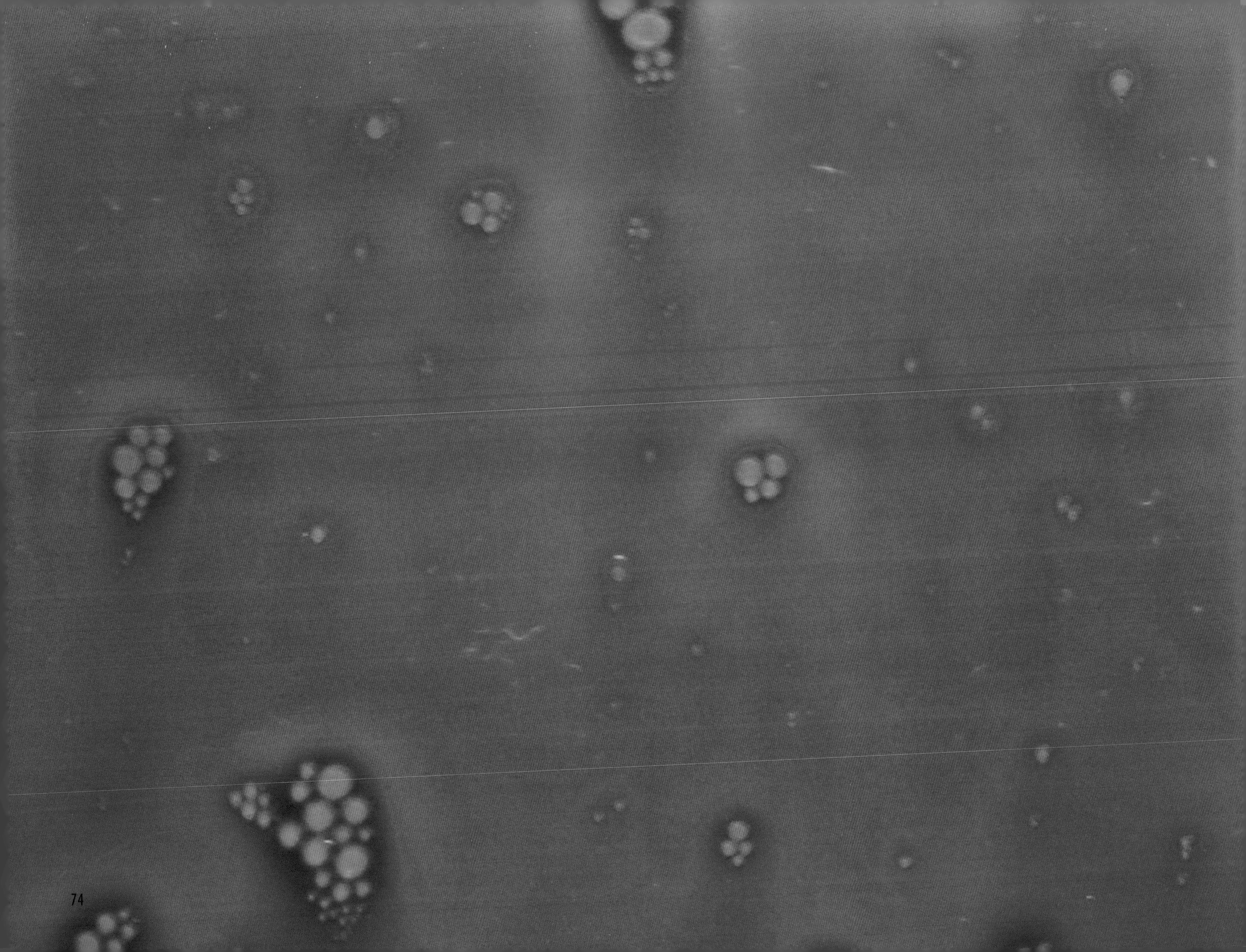

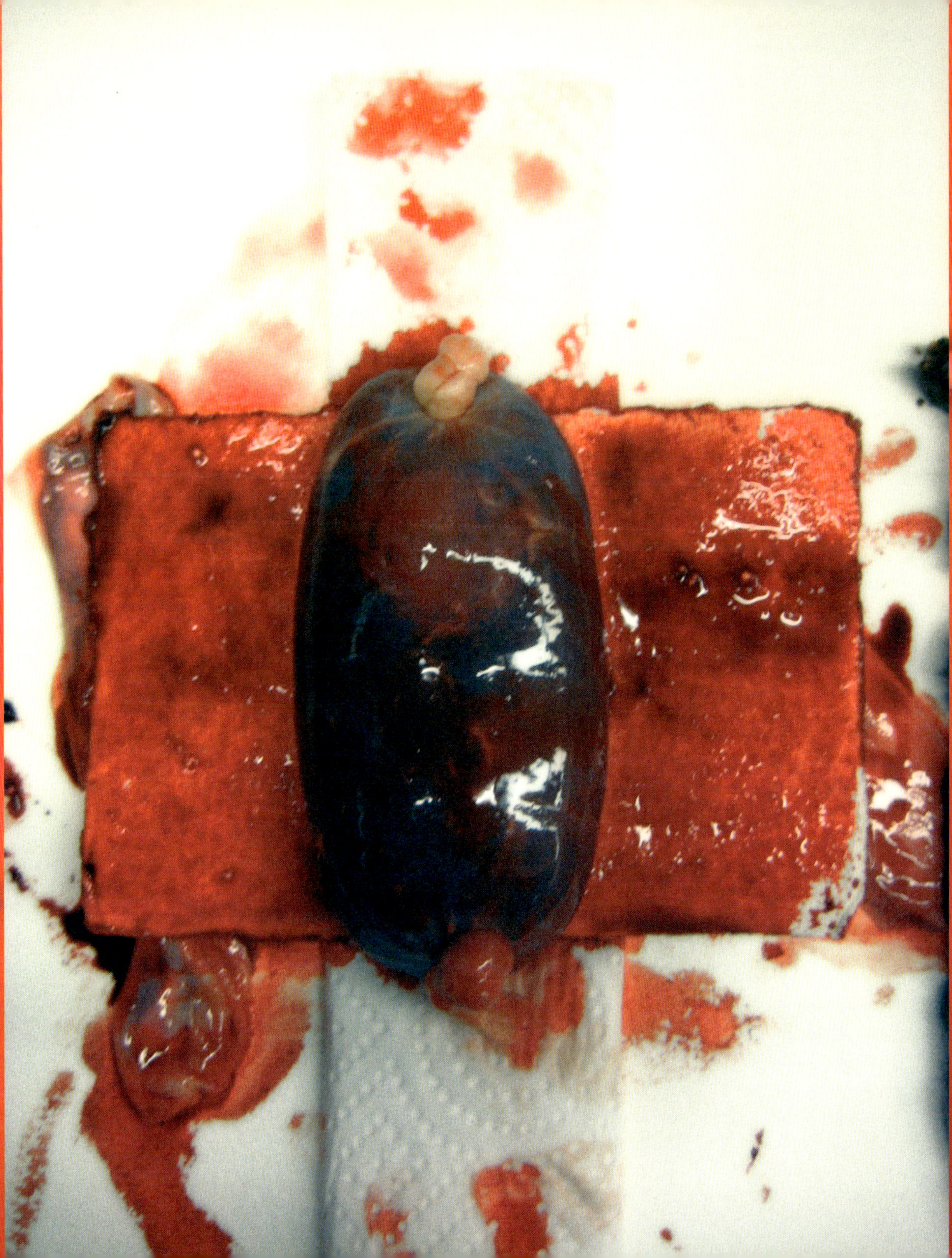
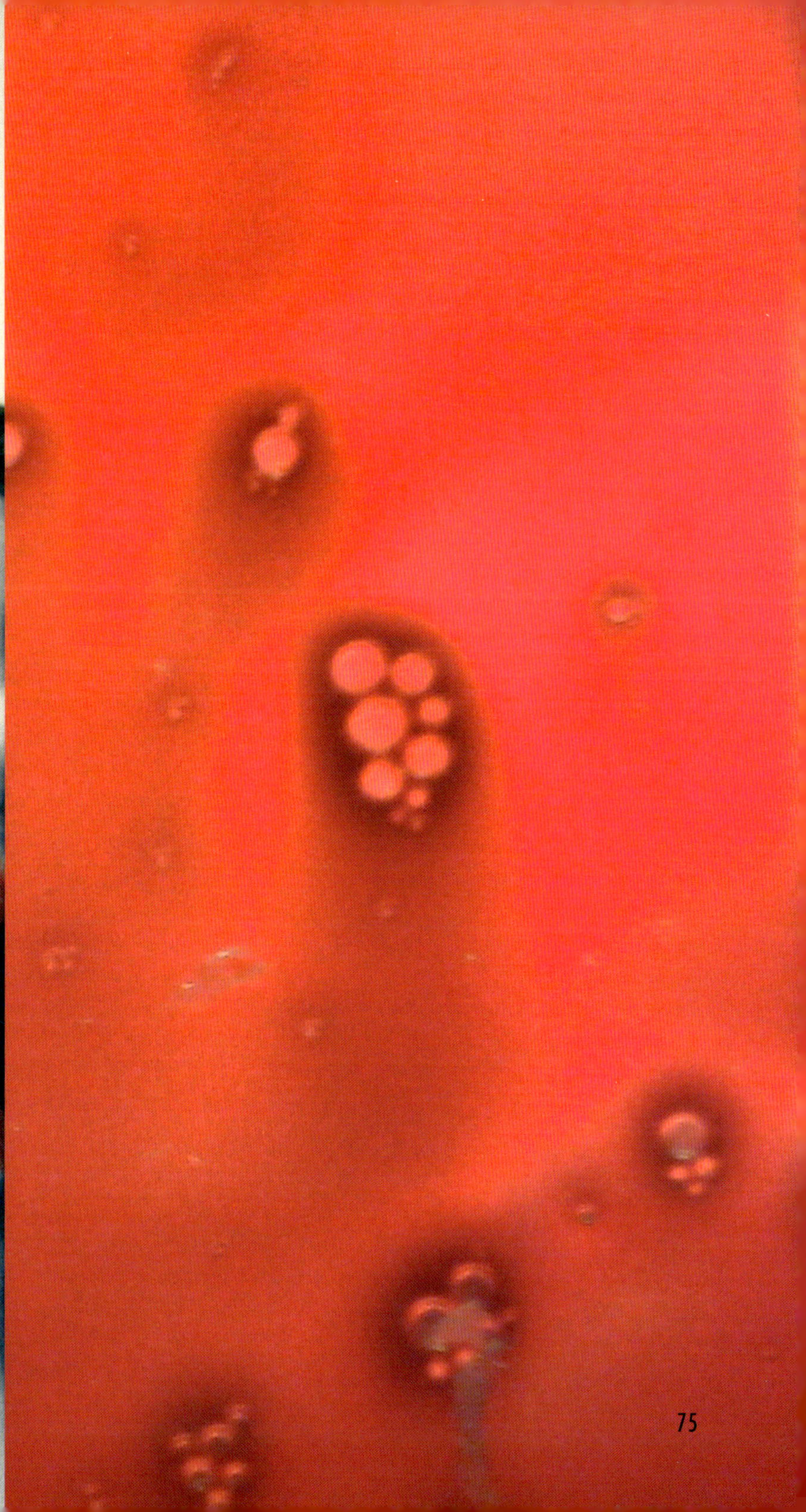

Rausch

kartoffel-blutwurstcarpaccio mit kren

MAGGI
Würze
Guten Appetit!

blutwurststrudel mit safranapfel und frittierten artischocken

blunzenravioli mit fisolen und jungem knoblauch

blutwurst im speckmantel mit rotem rübensalat

hühnerkeule mit blunzn gefüllt , kaspressknödel, kohlrabi, erbsen und minze

blunzn mit gänsestopfleber und apfel

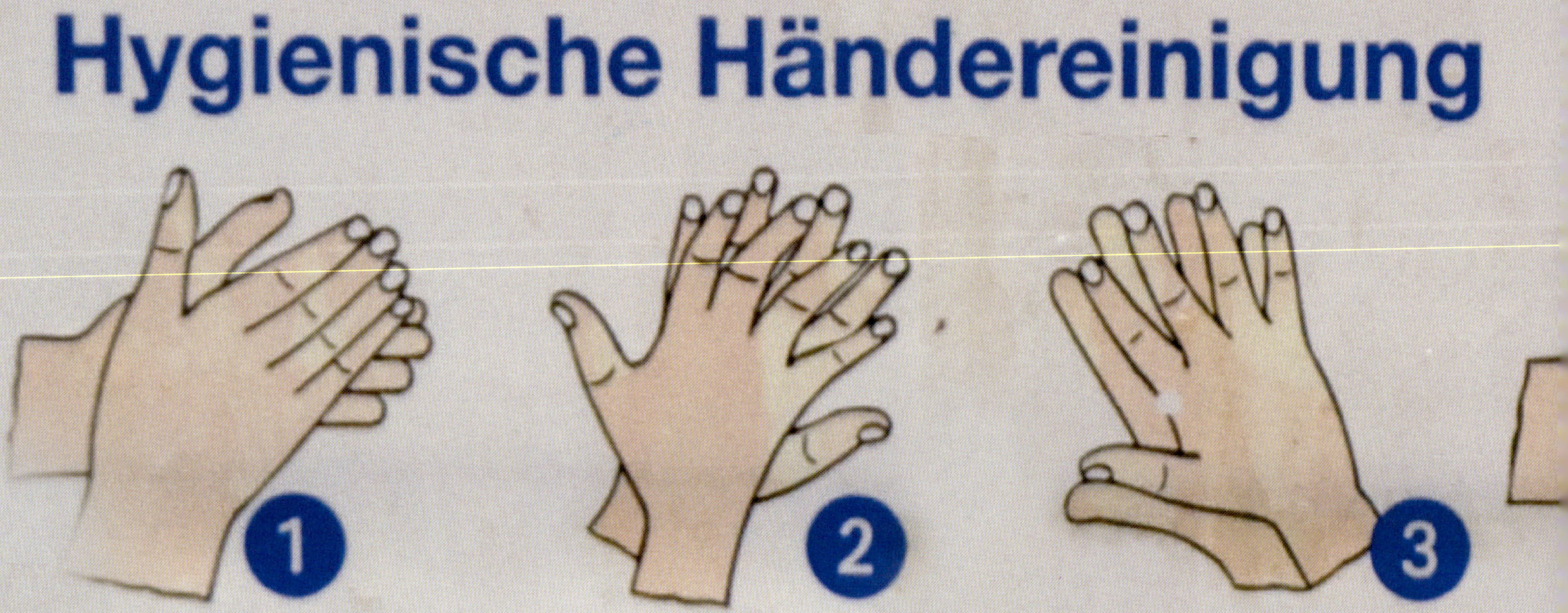
Hygienische Händereinigung
1
2
3

(Handwaschverfahren gemäß DIN EN 1499:1997-06)

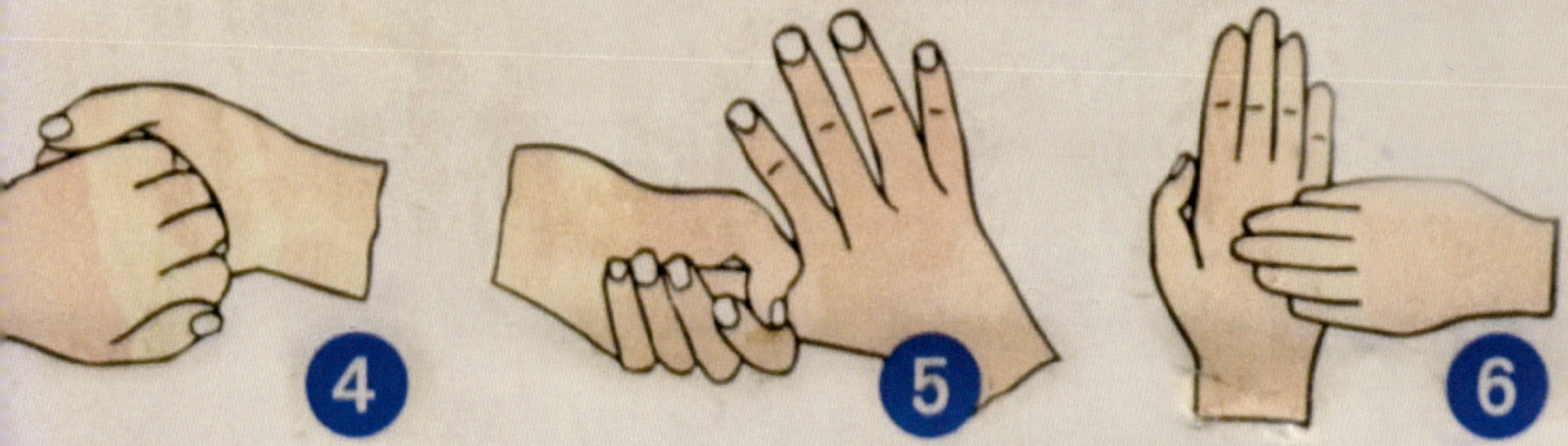

moules marinières

„einfachheit und natürliche geschmacksträger sind die unterschrift großartiger kochkunst“

- ernst uw. schasberger - maître cuisinier

moules mit gemüse-weissweinfond

moules mit weissem spargel

moules mit gurken-fenchelsalat

moules im tomaten-chorizofond

moules mit tomatensauce und pesto

moules mit orangen-rosmarinsalat

moules mit brotsuppe und dunklem bier

„so angenehm das land in seiner wildheit ist, so unzivilisiert, deformiert und grässlich sind die bewohner in ihrer erscheinung. debile und taube drängen sich in jedem dorf, und das allgemeine aussehen der leute ist das schockierendste, das ich je gesehen habe. ihre kleidung ist kaum europäisch, wie auch ihre gestalt kaum menschlich ist"

- david hume -

philosoph der englischen aufklärung über die steiermark,
in seinem „journal einer reise durch die niederlande, durch deutschland, österreich und italien aus dem jahre 1748.

grausamkeit ist erweckung und aufrufung zum leben.

- hermann nitsch -

schweinerei

„das grauen, das mein schlächterhirn gewohnt ist, berührt mich nicht mehr"
- w. shakespeare - macbeth

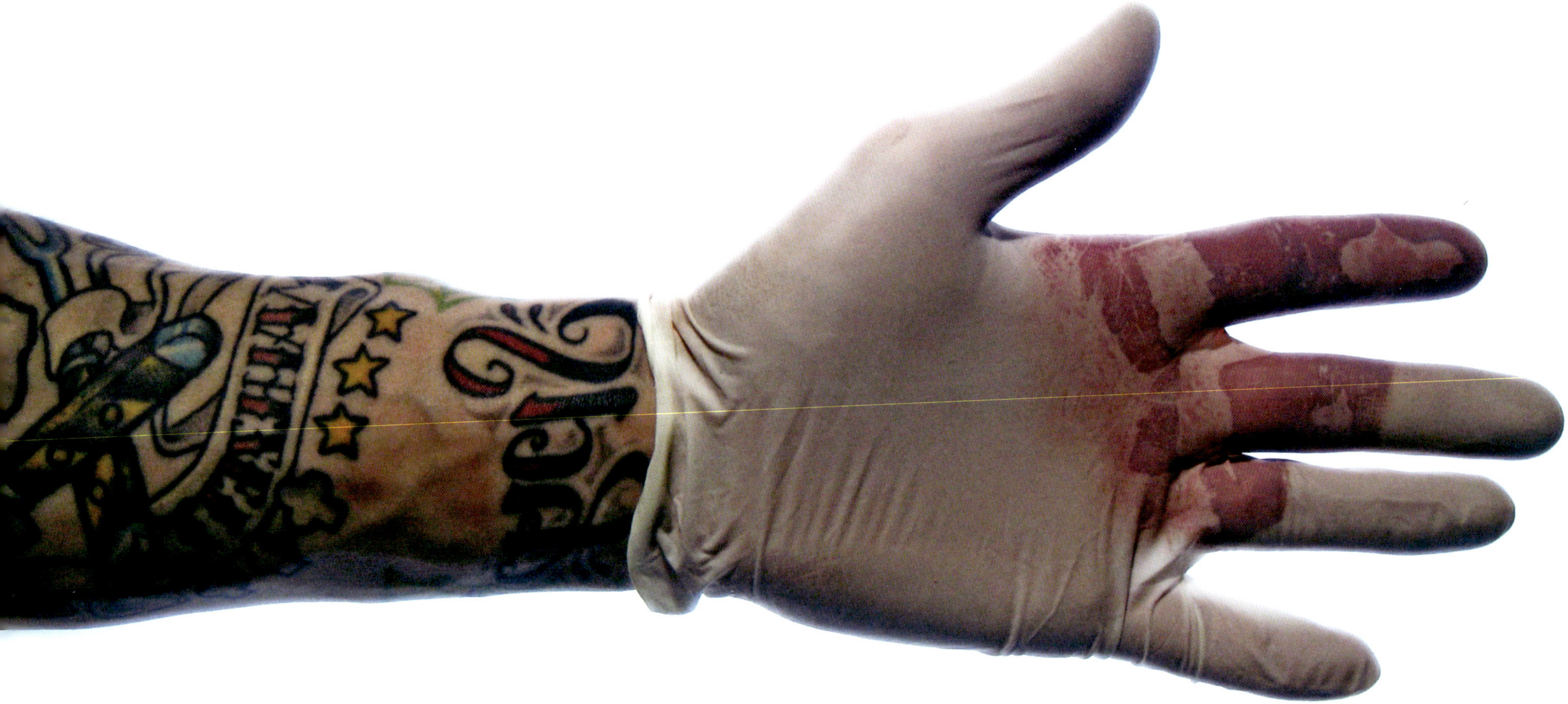

Gute
terhaltung

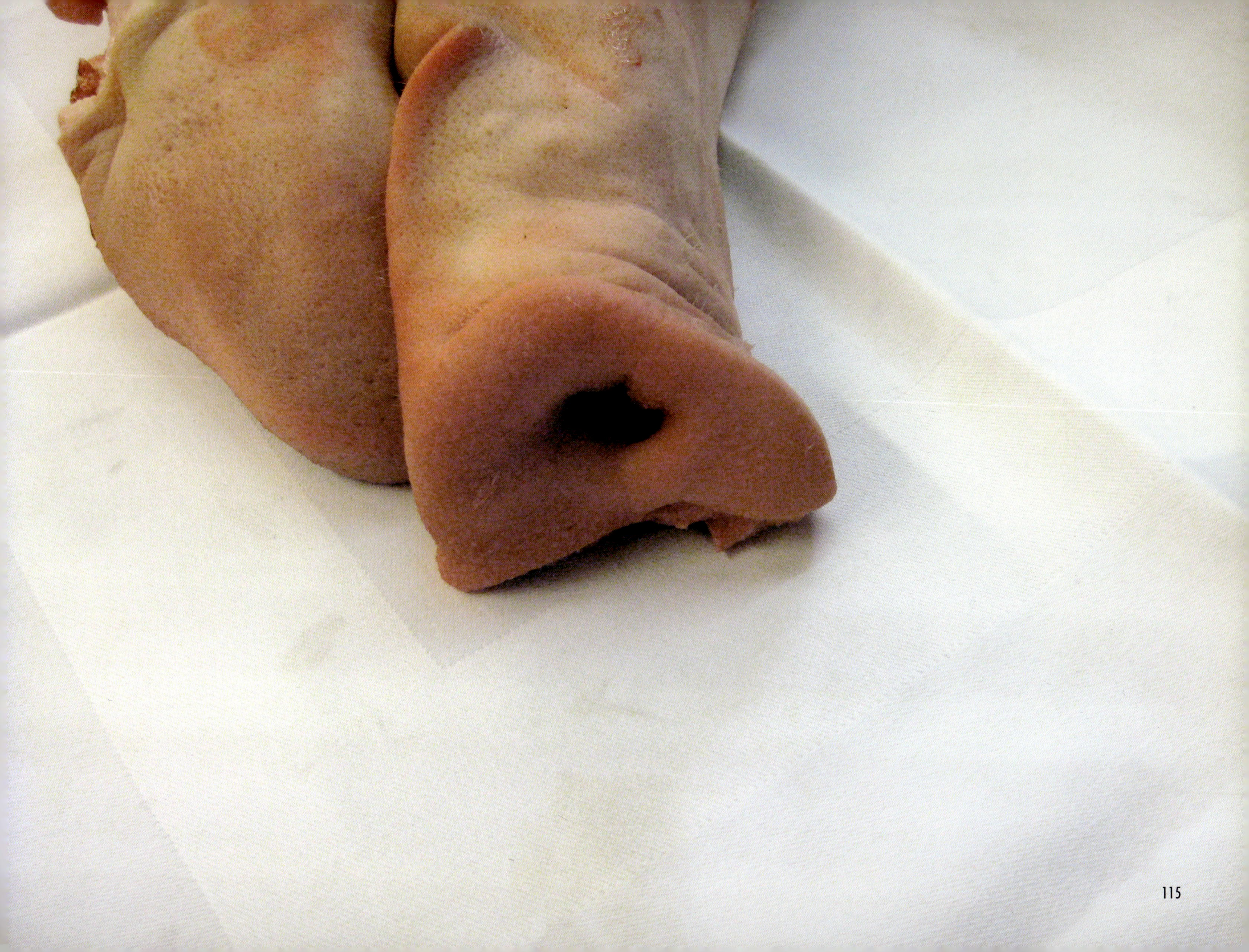

VORLÄUFIG BEANSTANDETE
TIERE
MA 60

G'MACHT
IN DA
STEIAMARK

maischerl mit zwetschkenkraut

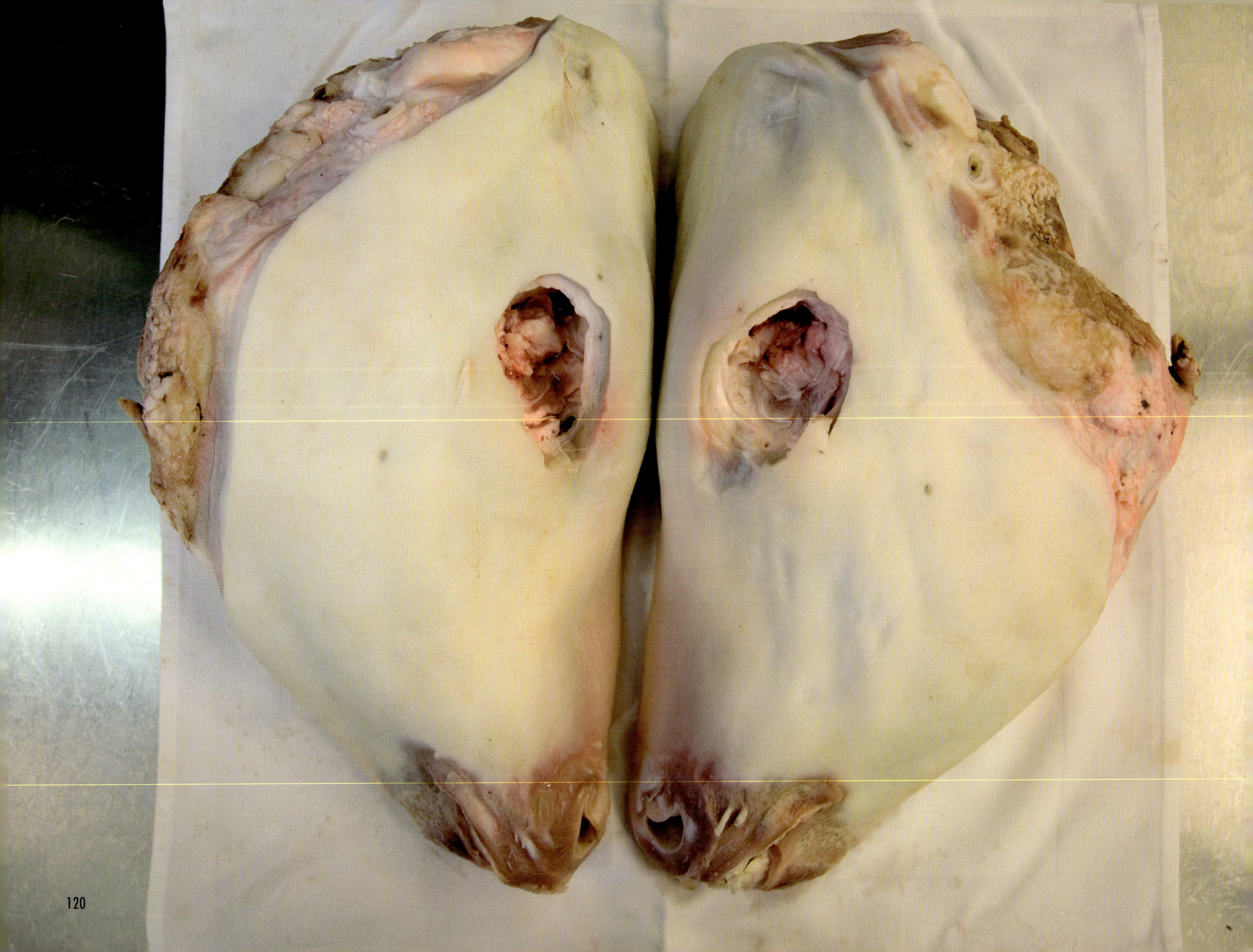

Diverse Mix
Red Bull Mix
€ 3,50

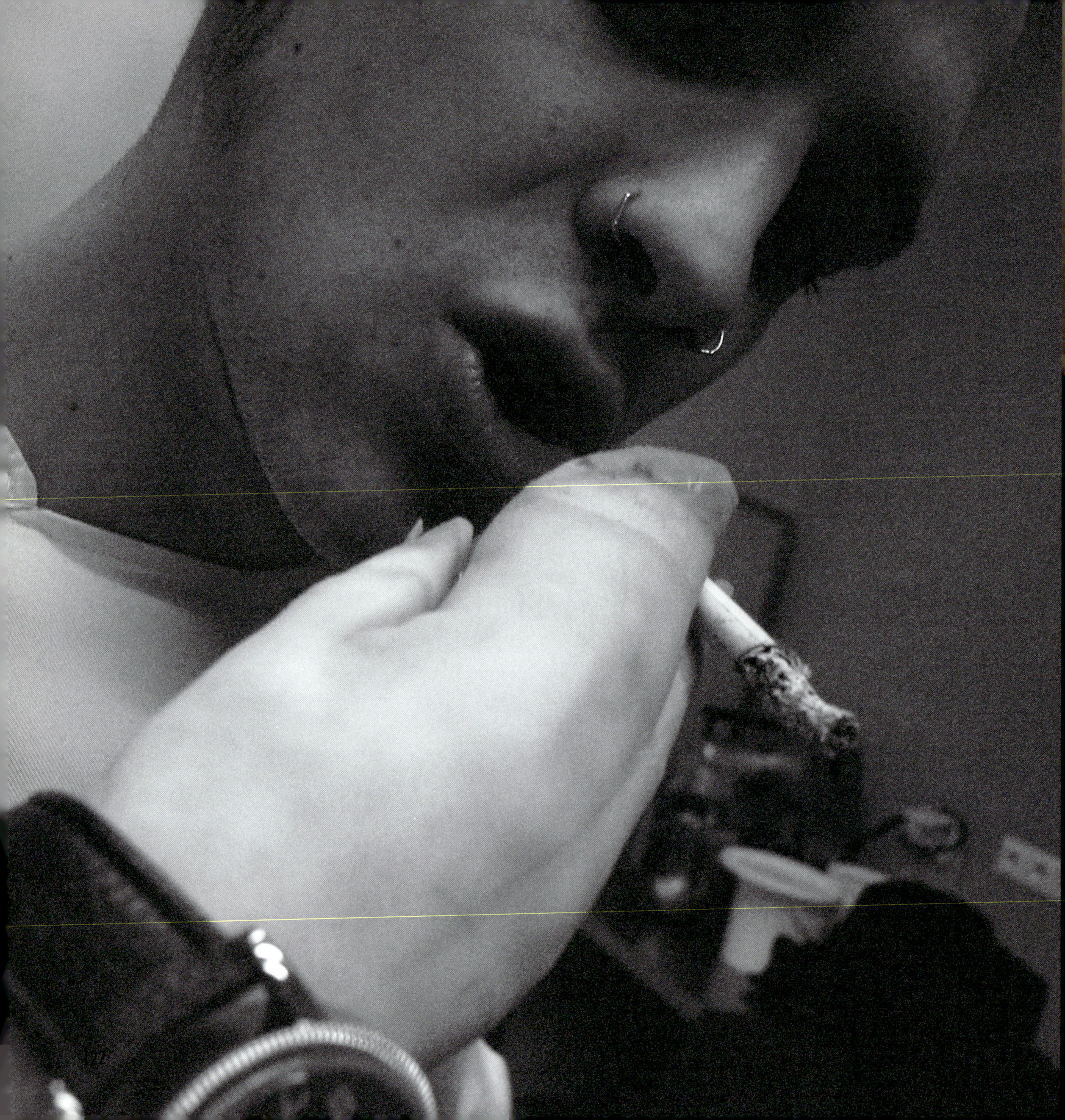

mangalitza schweinsbraten mit zirben-birnenpürée

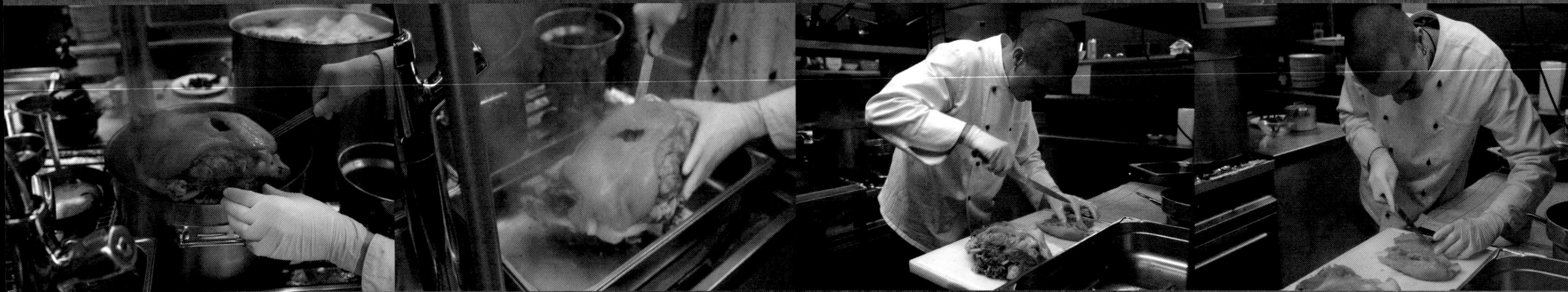

gedanken die wir uns bei gästen in der marx restauration erwarten: „was in der wurst drin ist , weiß nur der fleischer und der liebe gott."

die restauration hätte auch andere möglichkeiten der entwicklung gehabt, daher sei mal kurz festgehalten, wogegen wir uns richten...

die restauration ist kein gourmettempel...
die restauration ist nicht der feinkostladen österreichs...
die restauration schmeckt aber sucht keine auszeichnungen im geschmacksbereich

da die restauration, was soviel wie wiederherstellung heißt, nun seit geraumer zeit meine gastronomische heimat ist, liegen mir gerichte mit innereien und all den anderen wunderbaren schlachtabfällen, wie kalbskopf und schweinsfuss, die aufgrund verschobener peinlichkeitsschwellen vom aussterben bedroht sind, wie das dafür notwendige handwerk ebenso sehr am herzen wie richard leingruber, mein sous-chef, mit dem ich nicht nur die stätte unseres schaffens sondern auch die der geburt zwischen montanuniversität und ehemaligen hermann göringwerken teile.

mit ihm zu arbeiten ist mir ein volksfest!

kopf und rücken vom kalb mit polenta

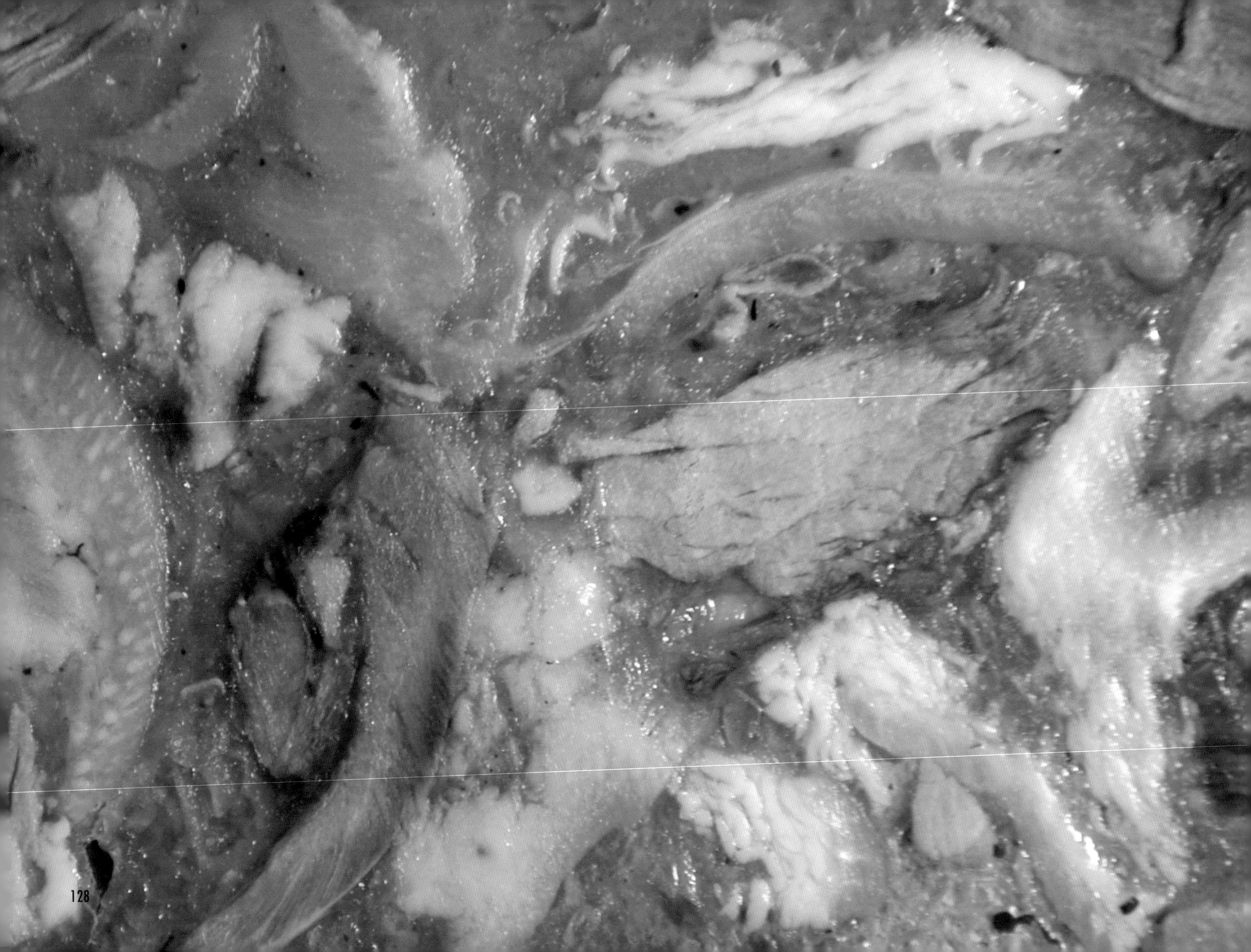

presskopf mit bärlauch und kapernmayonaise

saure suppe mit räucherforelle und presskopf

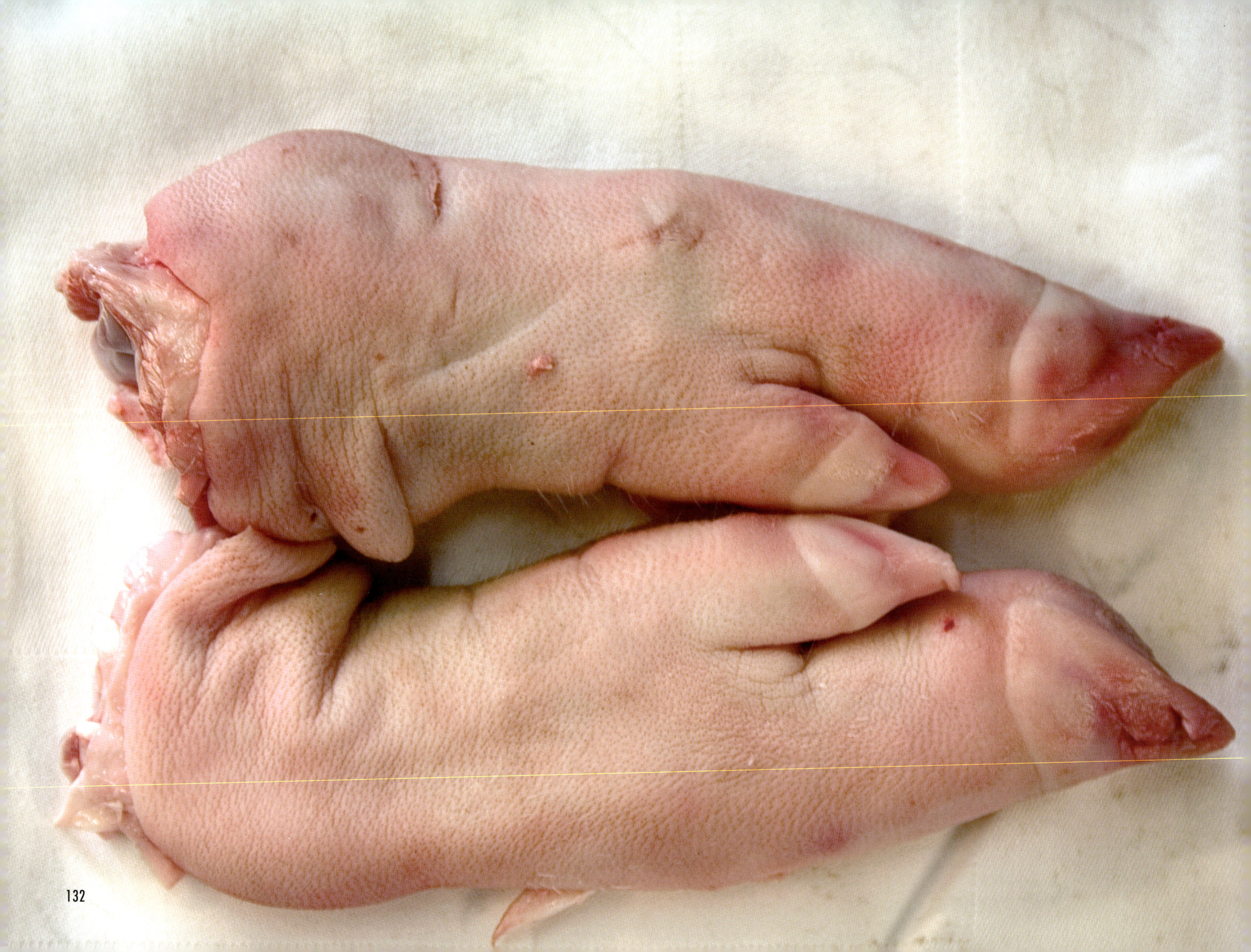

presskopf mit warmem kartoffelsalat und rotem zwiebel

kalbskopf mit eingelegtem kürbis und blattsalat

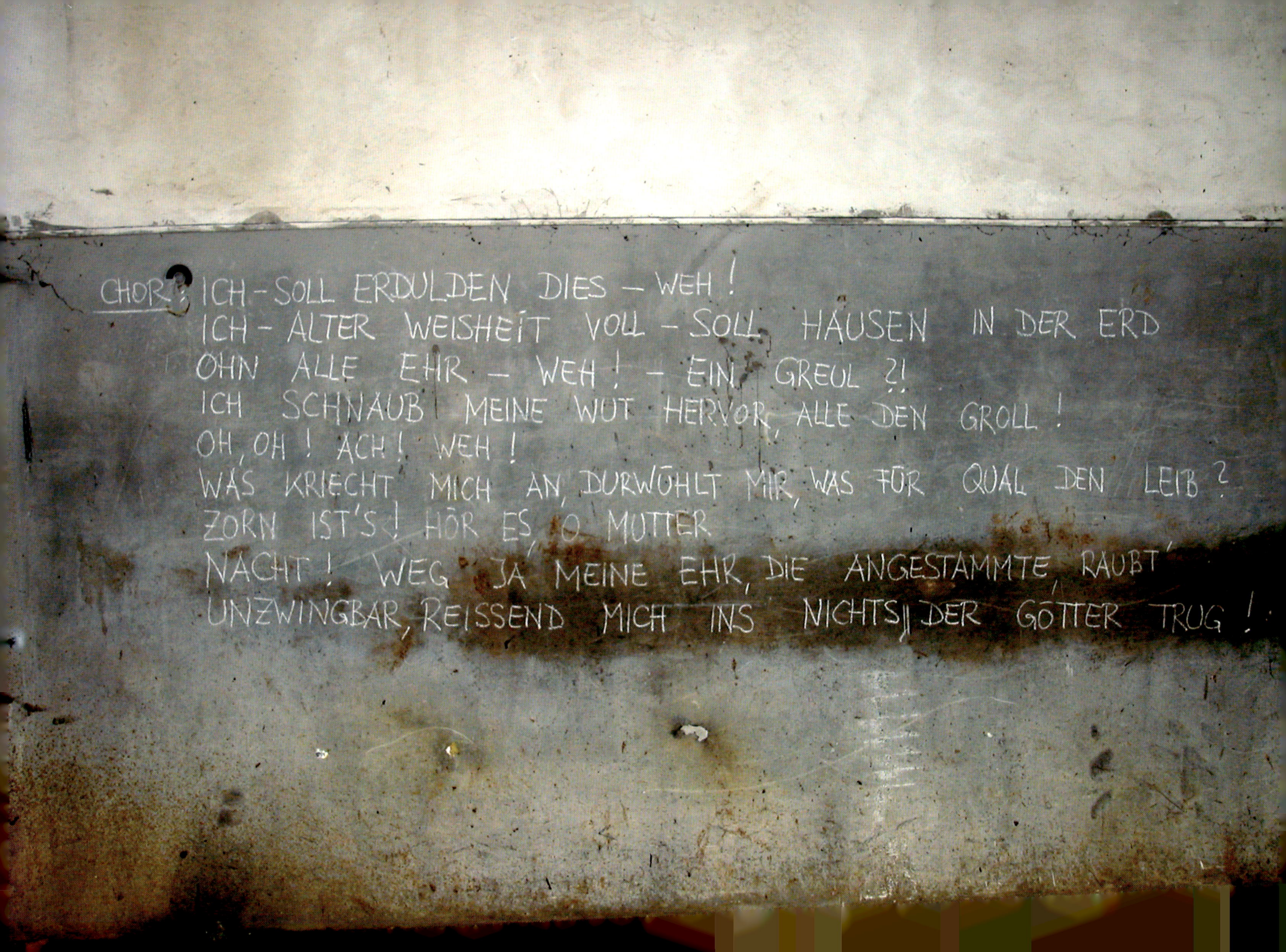
CHOR: ICH - SOLL ERDULDEN DIES - WEH !
ICH - ALTER WEISHEIT VOLL - SOLL HAUSEN IN DER ERD
OHN ALLE EHR - WEH ! - EIN GREUL ?!
ICH SCHNAUB MEINE WUT HERVOR, ALLE DEN GROLL !
OH, OH ! ACH ! WEH !
WAS KRIECHT MICH AN, DURWÜHLT MIR, WAS FÜR QUAL DEN LEIB ?
ZORN IST'S ! HÖR ES, O MUTTER
NACHT ! WEG JA MEINE EHR, DIE ANGESTAMMTE, RAUBT
UNZWINGBAR, REISSEND MICH INS NICHTS DER GÖTTER TRUG !

Fr. Reichl Judith
Fleisch - Abteilungsleiterin

vertrauensverhältnis

presskopf mit kräutersalat und kernöl

gemüse

„the moment i wake up,
before i put on my make up"

i say a little prayer

selleriepüree mit artischocken. gewürzkräcker, kräutersalat, hanföl

millefeuille vom kohlrabi und currylinsen

ratatouille im auberginenblatt mit gratiniertem ziegenkäse

sautierter maiskolben mit roten zwiebeln, polenta, maiscracker, sherrysauce

weisser rübensalat mit zitrone, artischocken und schwarzem pfeffer

tomaten mit ziegenkäse gefüllt und petersil-knoblauchöl

geschmorte feige mit getrockneten tomaten und couscous

fisolensalat mit grüner tomatenmarmelade und pekannuss

rotes rübenrisotto mit weißer rübe und koriander

geschmortes gemüse

coq au vin

wenn sie nicht fressen, dann sollen sie trinken
römischer feldherr

Coq au vin

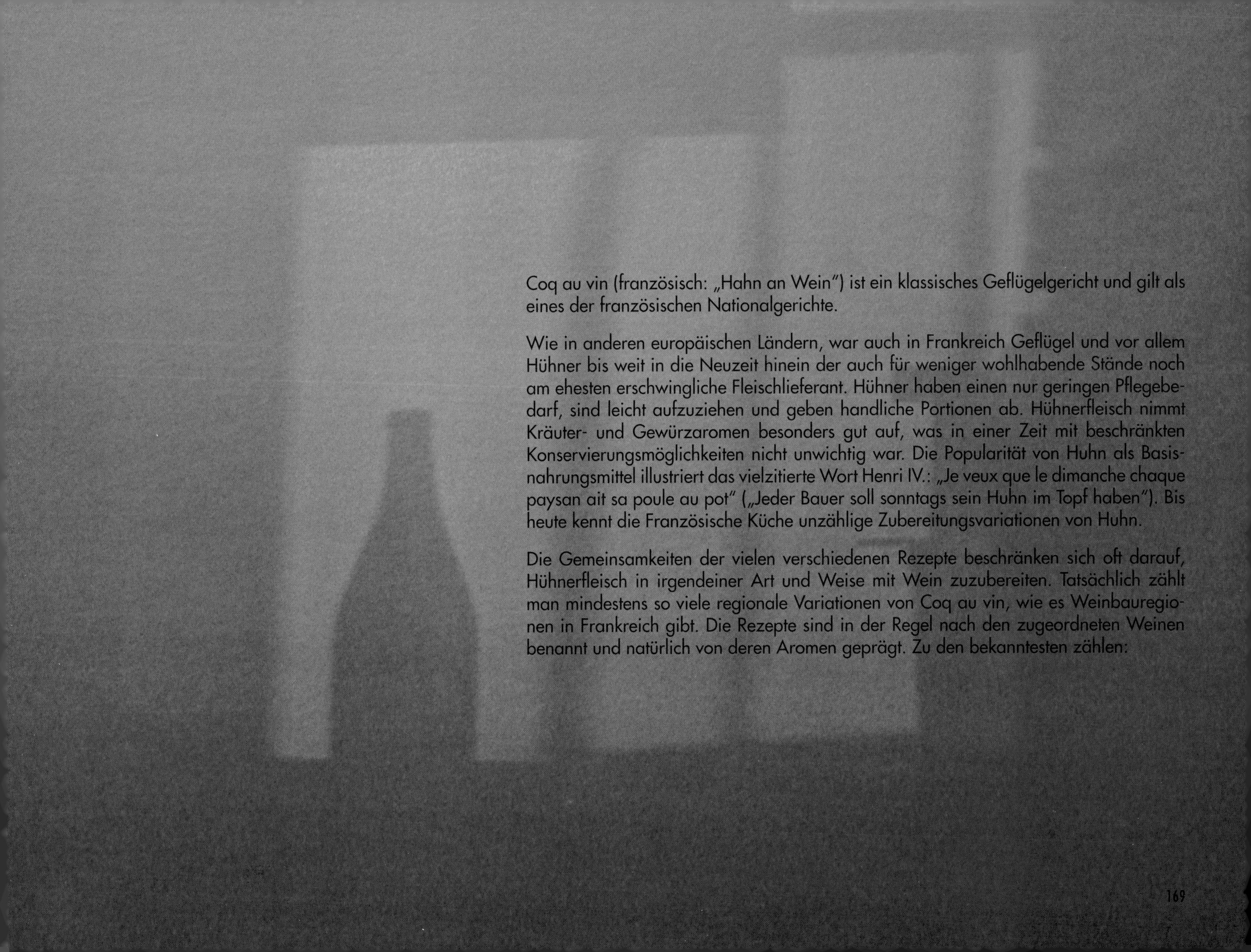

Coq au vin (französisch: „Hahn an Wein") ist ein klassisches Geflügelgericht und gilt als eines der französischen Nationalgerichte.

Wie in anderen europäischen Ländern, war auch in Frankreich Geflügel und vor allem Hühner bis weit in die Neuzeit hinein der auch für weniger wohlhabende Stände noch am ehesten erschwingliche Fleischlieferant. Hühner haben einen nur geringen Pflegebedarf, sind leicht aufzuziehen und geben handliche Portionen ab. Hühnerfleisch nimmt Kräuter- und Gewürzaromen besonders gut auf, was in einer Zeit mit beschränkten Konservierungsmöglichkeiten nicht unwichtig war. Die Popularität von Huhn als Basisnahrungsmittel illustriert das vielzitierte Wort Henri IV.: „Je veux que le dimanche chaque paysan ait sa poule au pot" („Jeder Bauer soll sonntags sein Huhn im Topf haben"). Bis heute kennt die Französische Küche unzählige Zubereitungsvariationen von Huhn.

Die Gemeinsamkeiten der vielen verschiedenen Rezepte beschränken sich oft darauf, Hühnerfleisch in irgendeiner Art und Weise mit Wein zuzubereiten. Tatsächlich zählt man mindestens so viele regionale Variationen von Coq au vin, wie es Weinbauregionen in Frankreich gibt. Die Rezepte sind in der Regel nach den zugeordneten Weinen benannt und natürlich von deren Aromen geprägt. Zu den bekanntesten zählen:

hühnerleber mit eingelegtem kürbis und portwein

geflügel-weissweinsuppe mit wachtel, mangold und grießnockerl

maishendlbrust mit geschmortem rotweingemüse und polenta

gebratene entenbrust mit haselnuss-sellerie und rotweinbirne

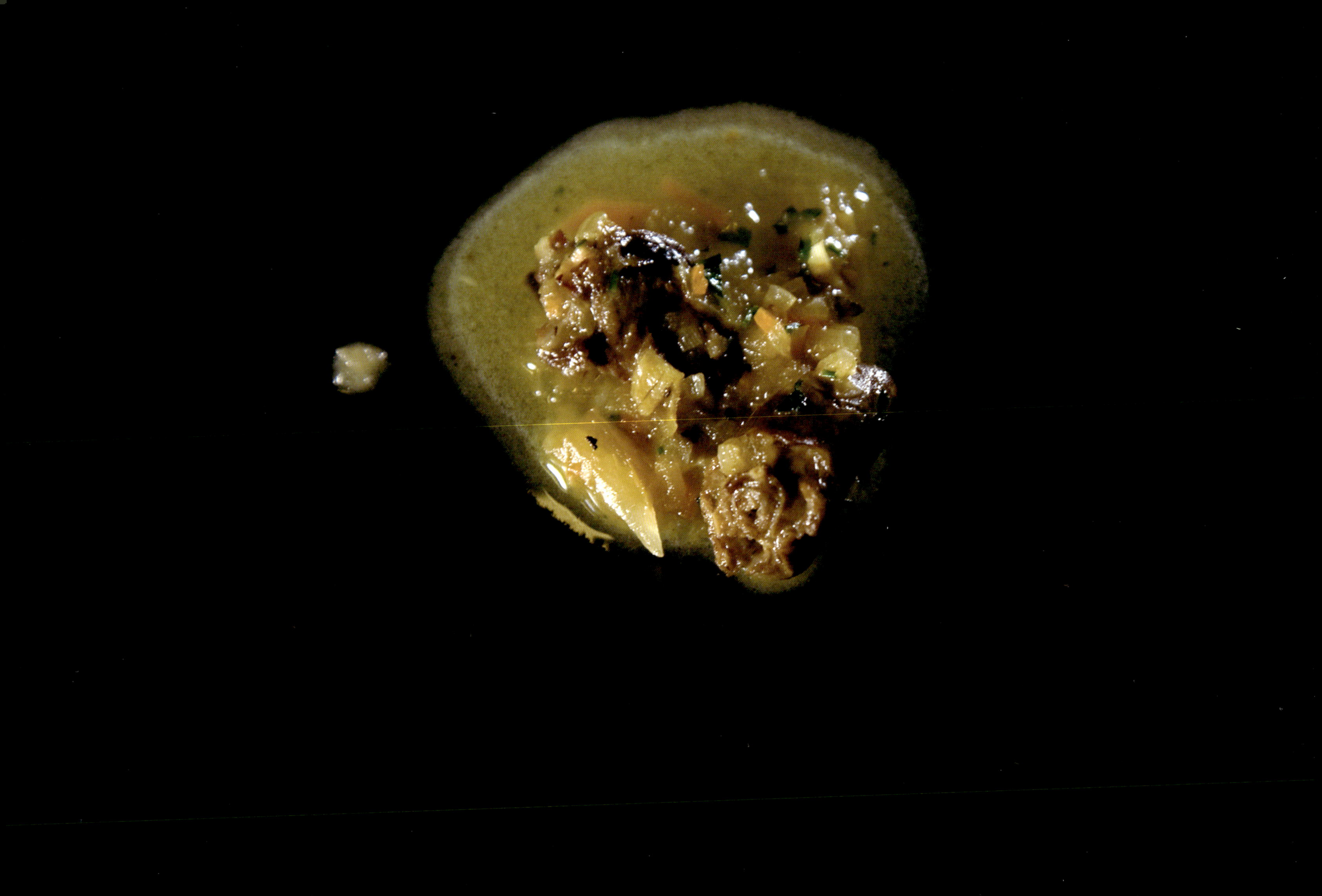

hühnerherzenragout mit wurzelgemüse

rotweinravioli mit grünem spargel

coq au vin

Le Caille est mort, vive les Cailles!

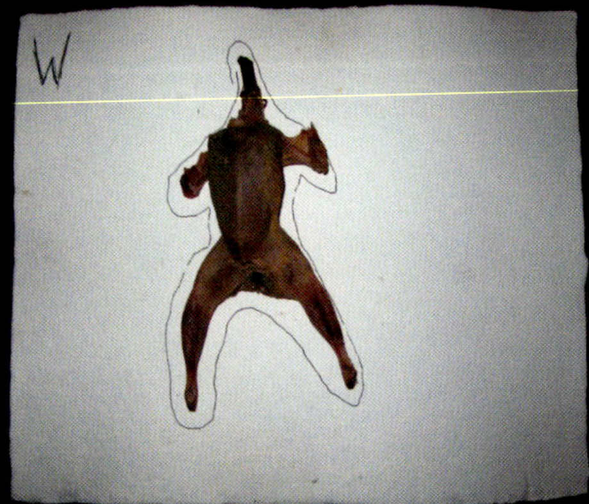

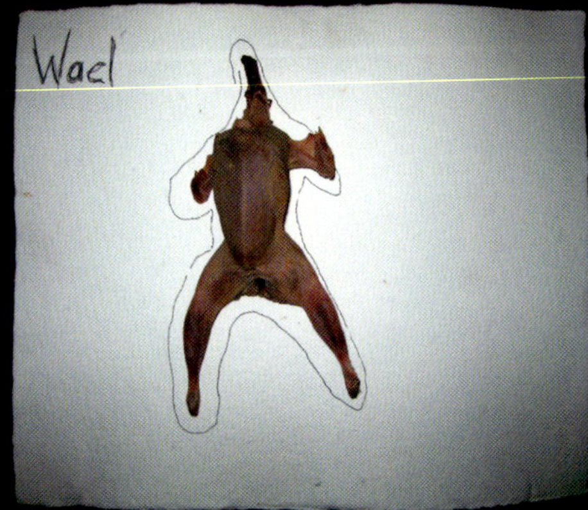

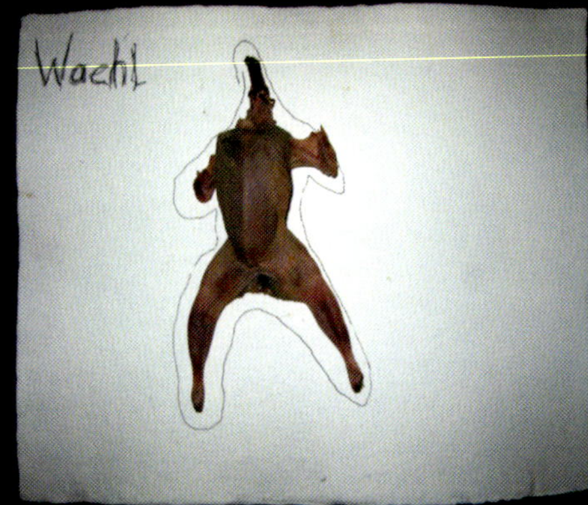

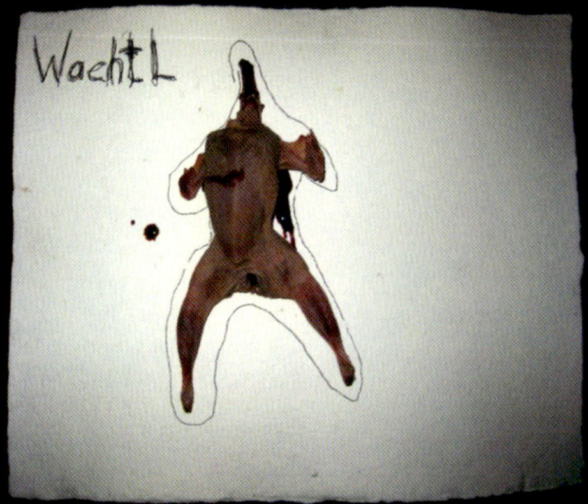
WachtL

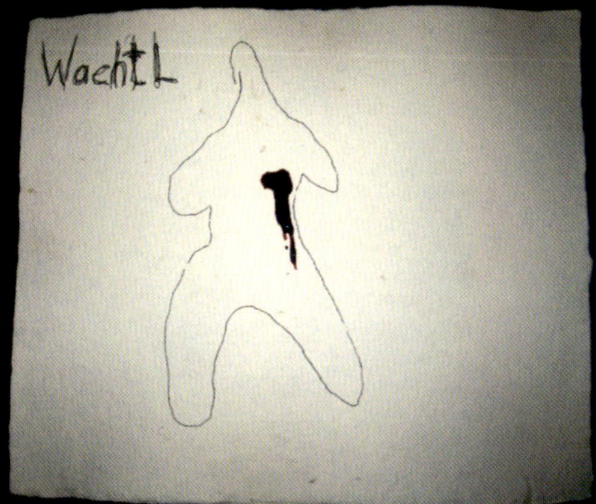
WachtL

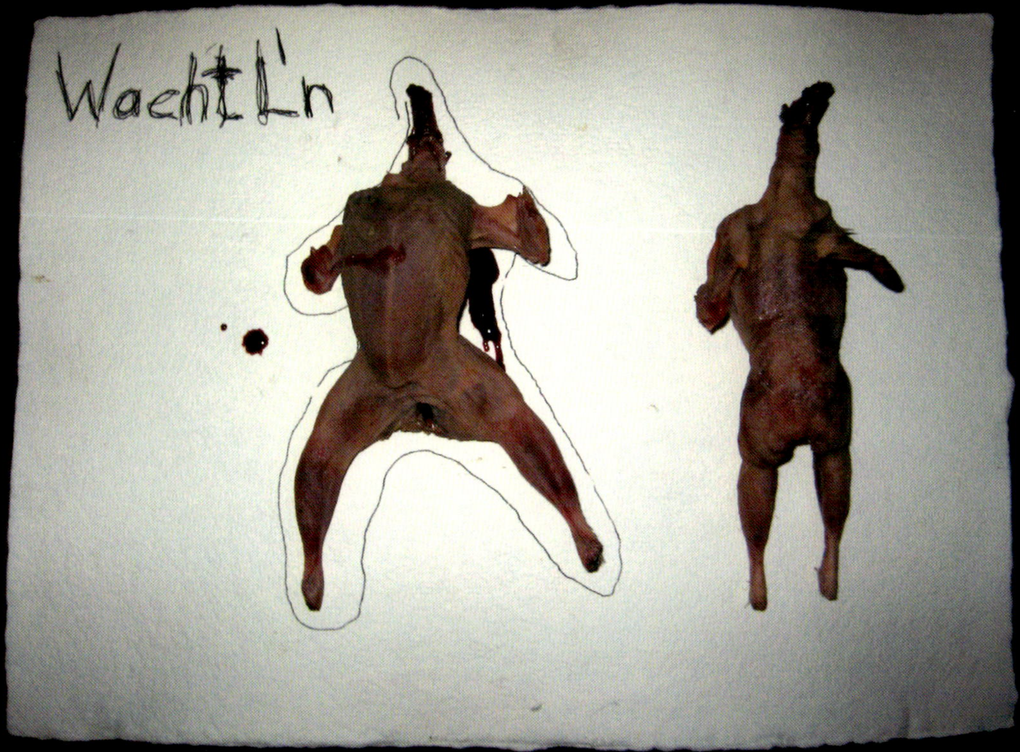
WachtL'n

wild

„wer einen rehrücken durchbratet, gehört daschossen"

- alfons schuhbeck - sternekoch

rehfilet mit brennessel-topfennockerl und schalotten

rehfilet mit petersilwurzeln, birnen und rotem wildreis

kalter rehrücken mit roten rüben und löwenzahnsalat

mehlspeisen

mehlspeisen sind einfach zum schmeissen

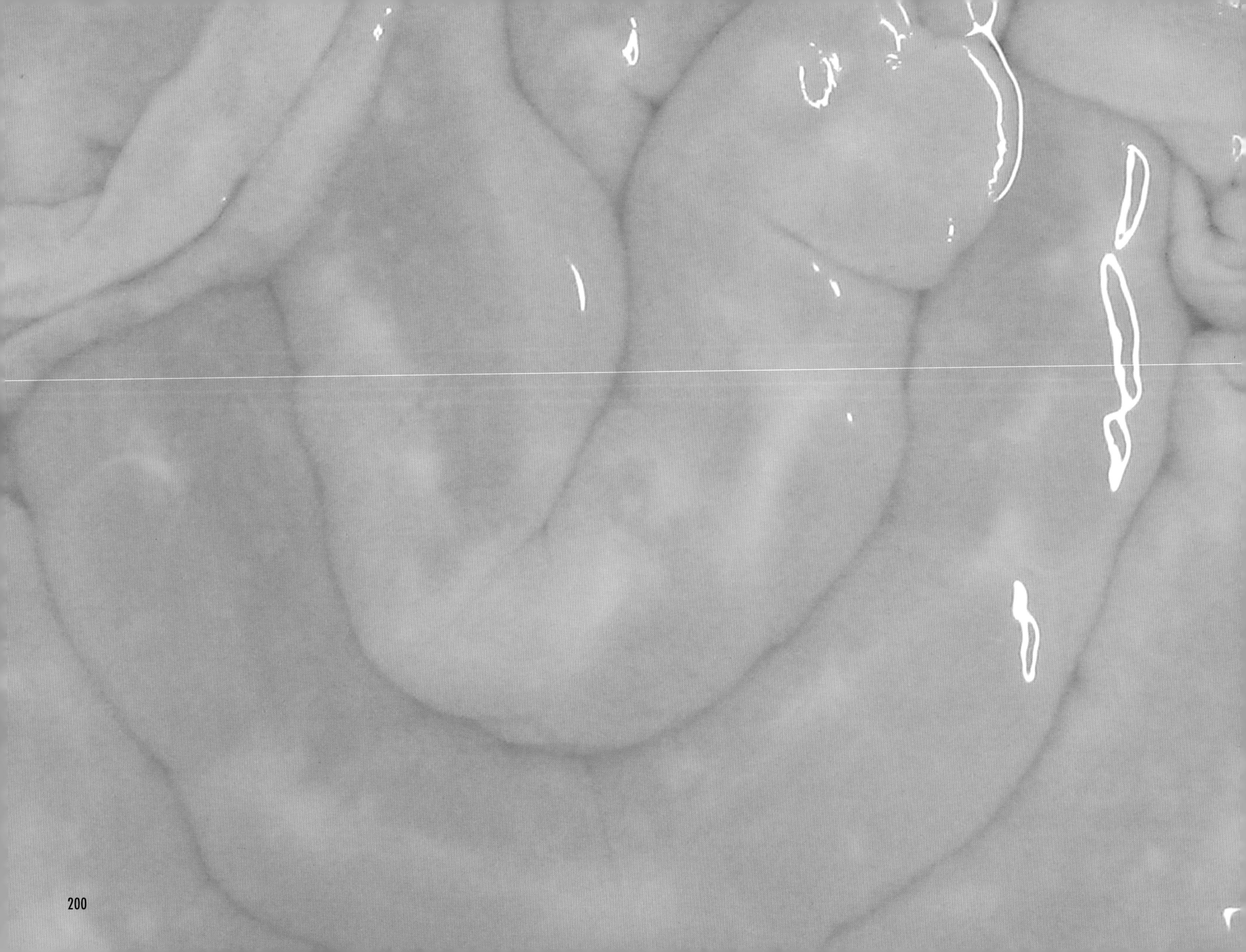

würstl mit saft

der würstlstand ist die letzte station am heimweg.
die molekularküche ist der letzte stand der kochkunst.

100ml

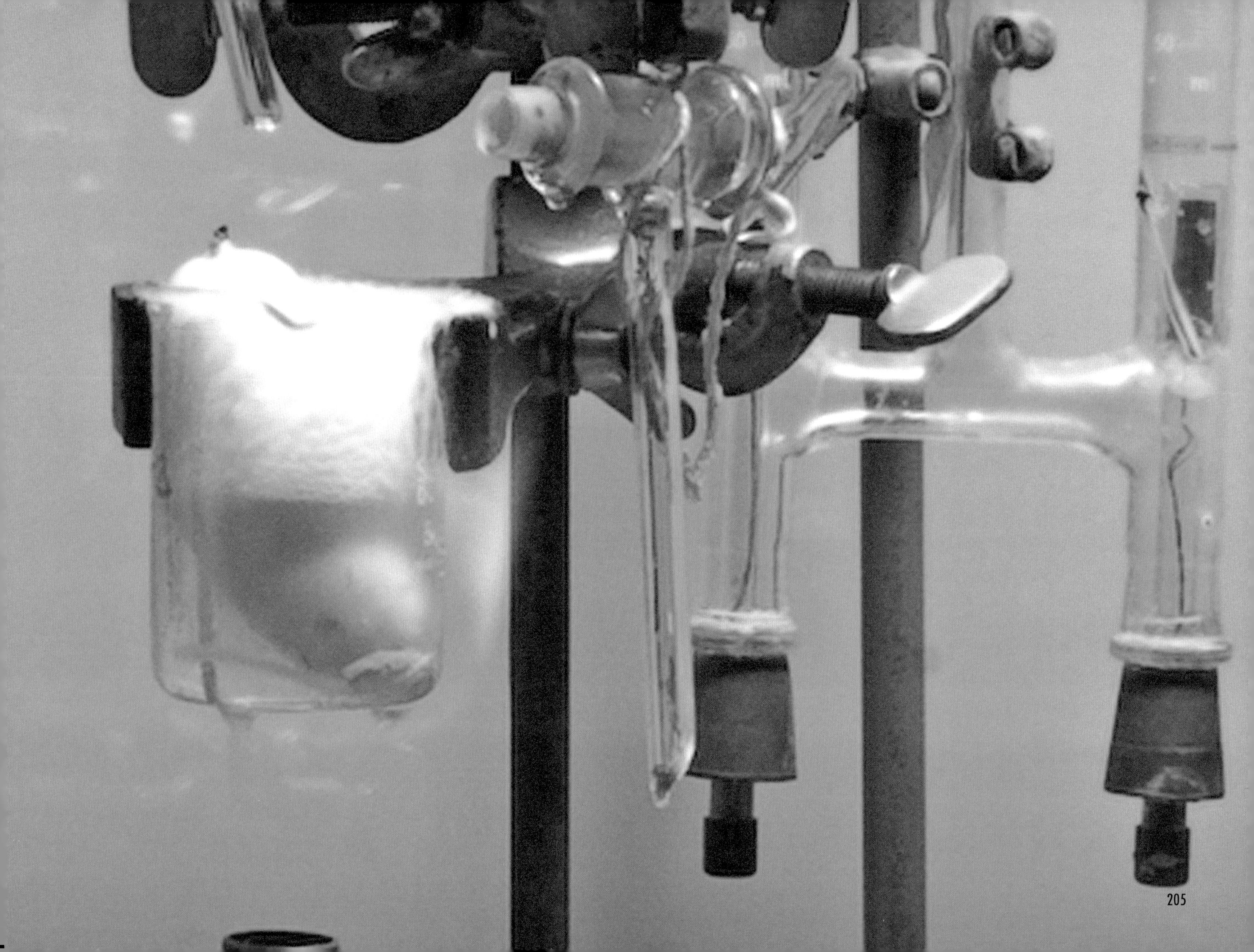

Marlboro
Rauchen fügt Ihnen und den Menschen in Ihrer Umgebung erheblichen Schaden zu.

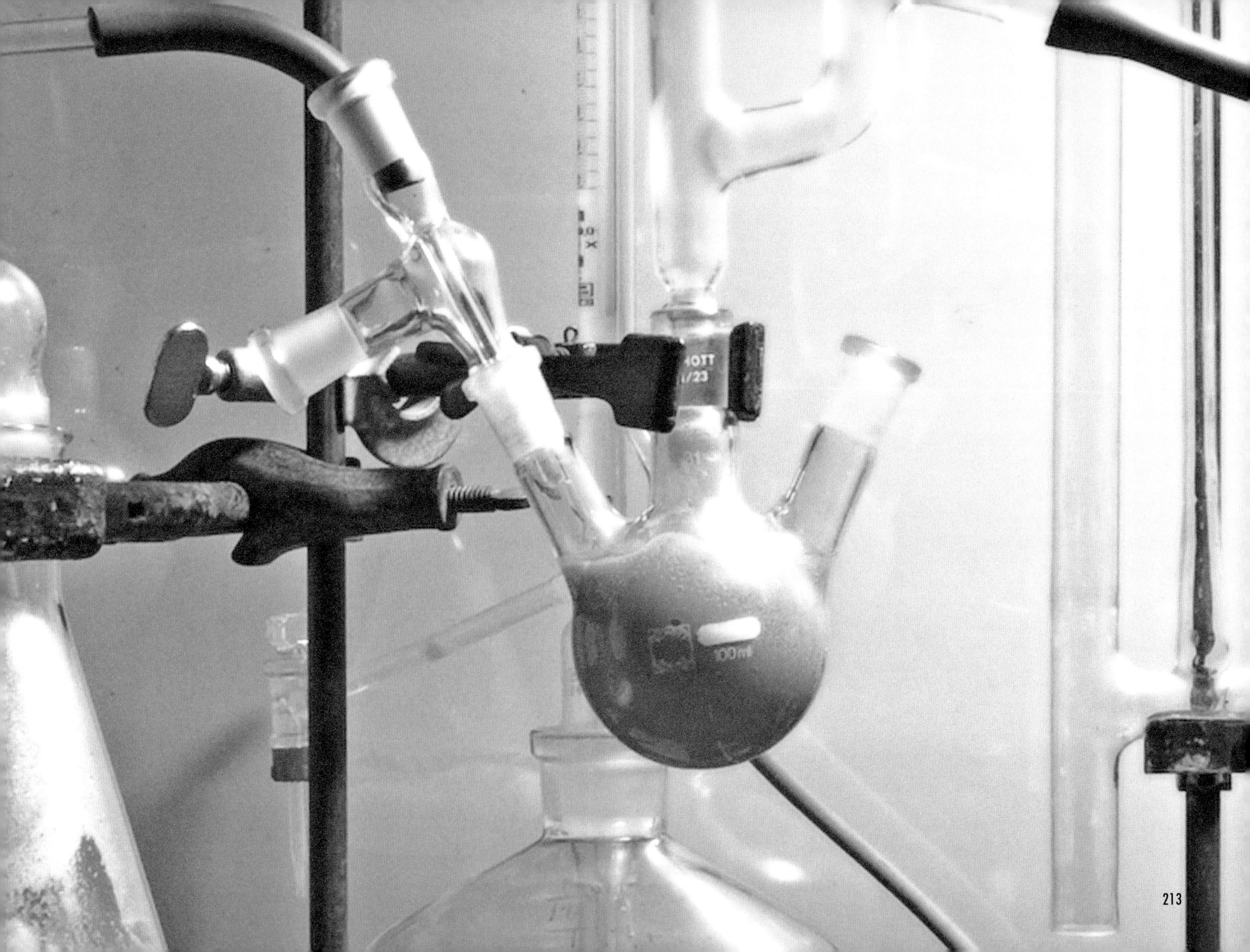
100ml

Zur Eisernen Zeit

linguini von der weisswurst mit händlmayerparfait und laugendampf

rezepte

steht nicht viel drin, aber es wird sehr viel ausgelassen
wichtig: abschmecken!

hummertartar mit gebeiztem saibling und bärlauch

- hummer in stark kochendes salzwasser geben, 10 min kochen, abschrecken, auslösen, kaltstellen, sehr klein schneiden, zwiebel sehr fein schneiden, blanchieren, mit dem hummer mischen, abschmecken mit zitronensaft, dille, limettenöl, salz, pfeffer und pernod.
- saiblingfilets mit reichlich dille, orangenscheiben, pfeffer, koriander und salz bedecken, über nacht marinieren.
- gurken halbieren, kerngehäuse entfernen, in feine streifen schneiden, salzen.
- anrichten, bärlauchpesto.

bärlauchpesto	hummer	gurken	kapern				dille
	saibling	zitrone					

surf & turf

- rostbraten mit rosmarin und knoblauch von beiden seiten scharf anbraten, rasten lassen, den bratenrückstand mit rindsuppe ablöschen, mit butter binden.
- garnelen in olivenöl anbraten, in der heißen pfanne durchziehen lassen.
- anrichten.

rindsuppe	rostbraten	knoblauch		olivenöl		salz	rosmarin
	garnelen			butter		pfeffer	

hummercurry

- hummer in stark kochendes salzwasser geben, 10 min kochen, abschrecken, auslösen.
- erdnussöl erhitzen, zwiebelsamen und kardamon anrösten, kleingeschnittene zwiebel beifügen, curcuma und currypaste und fein geschnittenes zitronenblatt beifügen, so lange kochen bis die zwiebel fast zerfallen, mit fischfond und kokosmilch aufgiessen, einreduzieren.
- brokkoli in salzwasser blanchieren, abseihen und mit dem hummer, den zuckerschoten und den ernüssen zum curry geben, abschmecken mit salz, pfeffer, zucker, gemahlenem koriander, zitronenzesten und sehr fein geschnittenen zitronenblättern.
- anrichten, sesamöl.

fischfond	hummer	zwiebel	currypaste rot	erdnüsse	sesamöl	kardamon	
		zitronengras			erdnussöl	pfeffer	
		zitronenblätter				zucker	
		zitronen				salz	
		zuckerschoten				pfeffer	
		brokkoli				koriander	
						zwiebelsamen	
						curcuma	

hummer mit eingelegtem pfirsich

- hummer in stark kochendes salzwasser geben, 10 min kochen, abschrecken, auslösen, in selleriefond mit lauch, kümmel, zitrone und butter kurz warm ziehen.
- pinienkerne rösten.
- anrichten, basilikum.

eingelegte pfirsiche	hummer	zuckerschoten	pinienkerne			kümmel	basilikum
selleriefond		lauch					
		zitrone					

hummertartar mit kutteln

- hummer in stark kochendes salzwasser geben, 10 min kochen, auslösen, kaltstellen, sehr klein schneiden, zwiebel sehr fein schneiden, blanchieren, mit dem hummer mischen, abschmecken mit zitronensaft, dille, limettenöl, salz, pfeffer und pernod.
- kutteln waschen, mit wasser bedecken, mit lorbeerblatt, thymian und zwiebel 4 stunden kochen, immer wieder das wasser wechseln, auskühlen lassen, in streifen schneiden, sellerie und lauch in streifen scheiden, mit gewürfelten zwiebeln und knoblauch anschwitzen, mit weißwein und geflügelfond ablöschen, kutteln beifügen, mit salz, pfeffer, thymian, muskatnuss, cayennepfeffer, pernod und zitronensaft würzen, einreduzieren, crème fraiche unterheben.
- anrichten, hummersauce.

hummersauce	hummer	zitrone	créme fraiche	limettenöl	pernod	pfeffer	dille
kutteln		zwiebel				salz	
		sellerie				lorbeerblatt	
						thymian	
						muskatnuss	
						cayennepfeffer	

hummer mit bohnen und liebstöckel

- hummer in stark kochendes salzwasser geben, 10 min kochen, abschrecken, auslösen, mit rosmarin, knoblauch und kümmel anbraten, abschmecken.
- bohnen über nacht in wasser einweichen, abseihen, in salzwasser mit essig, lorbeerblatt, koriander, kümmel und wacholder weich kochen, die hälfte mit obers pürieren, mit salz, pfeffer und zitronensaft abschmecken.
- die andere hälfte in butter schwenken, mit portwein ablöschen, mit salz, pfeffer und zitronensaft abschmecken.
- anrichten, aufgeschäumte hummersauce, liebstöckel.

hummersauce	hummer	knoblauch	bohnen weiß	olivenöl	portwein	pfeffer	liebstöckl
		zitrone			balsamico weiß	salz	

hummer mit weißkraut und linsen

- hummer in stark kochendes salzwasser geben, 10 min kochen, abschrecken, auslösen, in selleriefond mit lauch, kümmel, zitrone und butter kurz warm ziehen.
- gelbe linsen waschen, in salzwasser kochen, abseihen, öl erhitzen, zwiebelsamen anschwitzen, curcuma zugeben, linsen zugeben, mit selleriefond ablöschen, leicht köcheln, mit butter binden.
- schwarze linsen in salzwasser mit kümmel und lorbeerblatt weich kochen, abseihen, in butter und etwas selleriefond schwenken.
- weißkraut von beiden seiten anbraten, zucker zugeben, mit prosecco ablöschen, mit butter binden.
- weiße grundsauce aufschäumen.
- anrichten

weiße sauce	hummer	weißkraut	linsen gelb	olivenöl	prosecco	pfeffer schwarz	majoran
selleriefond		zitrone	linsen schwarz	butter		kümmel	
		lauch		zucker		salz	
						lorbeerblatt	
						curcuma	
						zwiebelsamen	

calamari mit linsen gefüllt und mariniertem paprika

- schwarze linsen in salzwasser mit kümmel und lorbeerblatt weich kochen, abseihen, geschnittene zwiebel anbraten, in butter und etwas selleriefond mit den linsen schwenken, abschmecken.
- calamari putzen, von beiden seiten anbraten, erst jetzt etwas olivenöl beifügen, abschmecken, die tuben mit den linsen füllen, aufschneiden.
- paprika bei starker oberhitze auf der hautseite braun werden lassen, die haut abziehen, mit knoblauch, rosmarin und thymian über nacht in olivenöl marinieren.
- anrichten, die calamari jeweils mit paprikapulver, thymian, salz und pfeffer würzen, mit zitronensaft und olivenöl beträufeln.

selleriefond	calamari	paprika gelb	linsen schwarz	olivenöl		salz	rosmarin
		zitrone				pfeffer	thymian
		zwiebel				paprikapulver	
		knoblauch				kümmel	
						lorbeerblatt	

octopuscarpaccio

- octopus mit zwiebel, limetten, wacholder, rosmarin, lorbeerblatt und lauch weich kochen, putzen, in eine form pressen, etwas kochsud dazu, einfrieren, mit der aufschnittmaschine dünn aufschneiden.
- anrichten, chilli, zitronenzesten, salz, pfeffer, koriander, limettendressing.

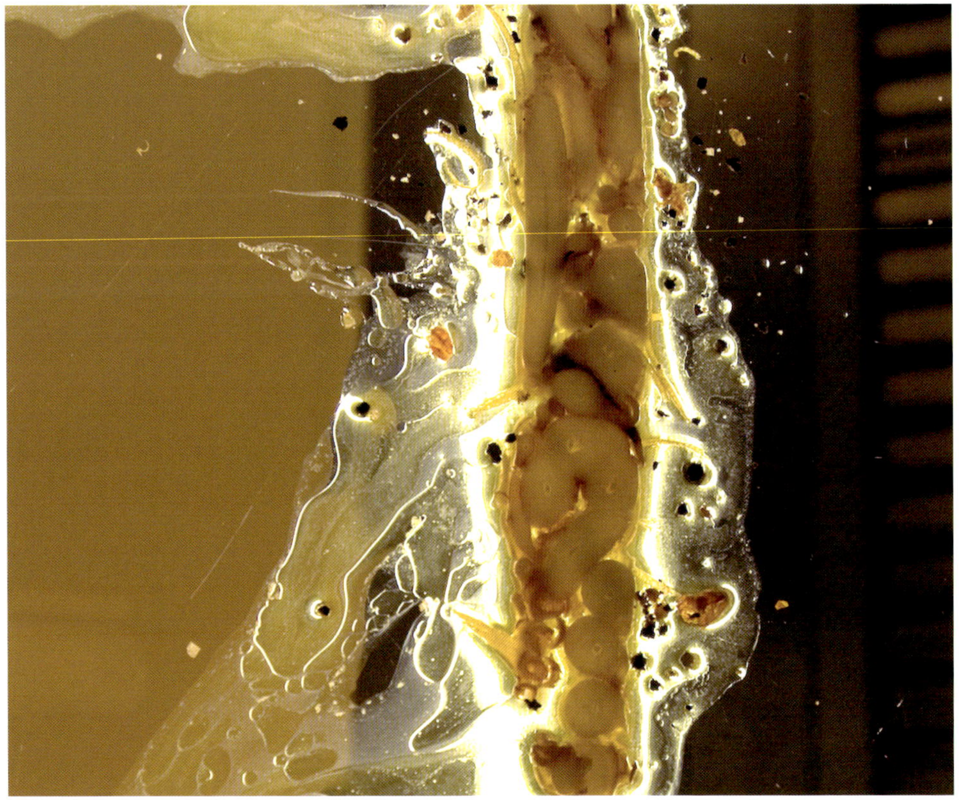

limettendressing	octopus	limetten				wacholder	
		zwiebel				lorbeerblatt	
		zitronen				rosmarin	
						chilli	
						salz	
						pfeffer	
						koriander	

oktopus-hummergröstl

- kartoffeln kochen.
- hummer in stark kochendes salzwasser geben, 10 min kochen, abschrecken, auslösen.
- calamari putzen, von beiden seiten anbraten, erst jetzt olivenöl und hummer beifügen, mit zitronensaft abschmecken.
- kartoffel vierteln, in olivenöl braten, chorizo beifügen, rote zwiebel beifügen, mit oktopus, hummer und den geschnittenen kräutern durchmischen, abschmecken.
- anrichten, trüffel.

	hummer	zwiebel rot			olivenöl	pfeffer	rosmarin
	oktopus	trüffel schwarz				salz	thymian
	chorizo						petersilie

forellenfilet mit krauttaschen und erdäpfelkas

- würfelig geschnittenen zwiebel und speck anbraten, pfeffer, kümmel, wacholder kurz mitrösten, fein geschnittenes weißkraut beifügen, mit zucker karamellisieren, kochen bis die ausgetretene flüssigkeit verdampft ist, auskühlen lassen, abschmecken mit salz, pfeffer und essig.
- in blätterteig einschlagen, in öl ausbacken, abtropfen lassen.
- kartoffel in salzwasser weichkochen, schälen ausdampfen lassen, topfen und olivenöl locker unterheben, mit muskatnuss, salz und pfeffer würzen.
- forellenfilets auf der hautseite in butter braten.
- anrichten, majoran.

	forellenfilets	weißkraut	blätterteig	topfen	olivenöl	salz	majoran
	weißer speck	kartoffel			essig	pfeffer	
		zwiebel				kümmel	
						wacholder	
						zucker	

krautsuppe mit saiblingsroulade

- saiblingsfilets entgräten, die hälfte einfrieren, mit derselben menge obers und dem ei im cutter mixen, mit salz, pfeffer, muskatnuss und majoran würzen, die restlichen filets in stücke schneiden, würzen.
- vom weißkraut den strunk entfernen, kurz in salzwasser blanchieren, einzelne blätter ablösen, abschrecken, auf frischhaltefolie auflegen, mit der fischfarce bestreichen, mit einem basilikumblatt belegen, filetstück darauf legen, einrollen, die enden zusammendrehen, pochieren.
- würfelig geschnittene zwiebeln anschwitzen, geschnittenes weißkraut dazugeben, mit weißwein und fischfond ablöschen, kraut weichkochen, obers beifügen, mit zitrone, salz, pfeffer und cayennepfeffer abschmecken, gut durchmixen, durch ein sieb seihen, mit butter aufmixen.
- weißbrot würfelig schneiden, mit knoblauch anrösten.
- anrichten, kerbel.

fischfond	saiblingsfilets	weißkraut	semmelwürfel	weißwein	cayennepfeffer	kerbel	
	eier	zitrone		obers	kümmel	basilikum	
		zwiebel		butter	salz		
		knoblauch		majoran	pfeffer		
					muskatnuss		

zander mit krautfleckerl

- zwiebel schneiden, gut anrösten, geschnittenes weißkraut, lorbeerblatt und kümmel beifügen, mit zucker karamellisieren, bei sehr geringer hitze schmoren bis das kraut eine braune farbe annimmt und die ausgetretene flüssigkeit vollkommen verdampft ist, mit salz, pfeffer und essig abschmecken.
- teigfleckerl sehr bissfest kochen, mit dem weißkraut vermengen, durchziehen lassen.
- zander auf der hautseite einschneiden, auf der hautseite langsam braten, gegen ende nur kurz umdrehen, würzen.
- anrichten, weiße sauce, majoran, schnittlauch, kalbsjus.

kalbsjus	zander	weißkraut	teigfleckerl	schweineschmalz	weißweinessig	pfeffer	schnittlauch
weiße sauce		zwiebel				kümmel	majoran
						lorbeerblatt	

forelle mit sauerkraut und kernöl

- forelle auf der hautseite langsam knusprig braten. salzen.
- sauerkraut gut wässern, mit fischfond, thymian und etwas butter leicht erwärmen.
- weiße sauce mit koriander kurz kochen, aufschäumen.
- kürbiskerne rösten, salzen, kernöl.
- anrichten, kernöl, parmesan, petersilie, kerbel.

fischfond	forelle	sauerkraut	parmesan	kernöl		pfeffer	petersilie
weiße sauce			kürbiskerne	butter		koriander	kerbel
						salz	thymian

rollmops mit nashibirne, gurken und friséesalat

- rotkraut in feine streifen schneiden, einsalzen, mit johannisbeersaft und zitronenzesten über nacht durchziehen lassen, auspressen, den saft auffangen, etwas einreduzieren und mit maizena binden.
- nashibirne in feine scheiben schneiden, mit etwas zucker, zitronensaft und walnussöl marinieren.
- gurken halbieren, kerngehäuse entfernen, einsalzen, gut mixen.
- rotkraut mit limettendressing marinieren.
- matjesfilets der länge nach halbieren, mit dem rotkraut belegen, zusammenrollen.
- anrichten, dille.

limettendressing	matjesfilets	rotkraut	maizena		walnussöl		dille
		zitrone			johannisbeersaft		
		nashibirne					
		friséesalat					
		gurken					

karpfengulasch

- würfelig geschnittene zwiebel anschwitzen bis sie auf die hälfte ihres anfänglichen volumens zusammengefallen sind, paprikapulver süß, majoran, kümmel, lorbeerblatt, wacholder, korianderkörner, zucker beifügen, mit essig ablöschen, etwas tomatenmark unterrühren, in rauten geschnittenes weisskraut dazu geben, mit fischfond aufgiessen, bei niedriger hitze köcheln.
- den karpfen unter fließendem wasser gut durchspülen, auf der hautseite mit mehl bestäuben, in einer pfanne knusprig braten, mit der hautseite nach oben auf das gulasch setzen, fertig garen.
- jungzwiebel schneiden in butter kurz schwenken, mit gemahlenem koriander und zitronenzesten würzen.
- anrichten, sauerrahm.

					zucker, salz		
fischfond	karpfenfilet	zwiebel	sauerrahm	weißweinessig	korianderkörner	schnittlauch	
		weißkraut		tomatenmark	pfeffer		
		knoblauch			paprikapulver süß + picant		
		jungzwiebel			wacholder		
					majoran		
					kümmel		
					lorbeerblatt		

eierspeis

- zwiebel in einer pfanne langsam anschwitzen bis sie eine sehr dunkle farbe bekommen, ohne zu verbrennen.
- eier in eine heiße pfanne schlagen, durchrühren, salz, pfeffer.
- anrichten

	eier	zwiebel	salz	schnittlauch			
			pfeffer				

eiernudeln mit weißer trüffel

- nudelteig zu linguini verarbeiten, in salzwasser bissfest kochen, in etwas obers und trüffelöl durchschwenken, mit zitronensaft abschmecken.
- anrichten, eidotter, gehobelte trüffel, salz, pfeffer.

nudelteig	wachtelei	weiße trüffel		trüffelöl		salz	
		zitrone		obers		pfeffer	

eistich mit bärlauch

- bärlauch ausspülen, in salzwasser blanchieren, ausdrücken, die hälfte mit olivenöl, salz und zitronenzeste pürieren, passieren.
- weiße sauce erhitzen, vor dem servieren mit dem restlichen bärlauch pürieren, passieren, aufschäumen.
- anrichten, eistich, parmesan, bärlauchsauce, bärlauchöl, schnittlauch.

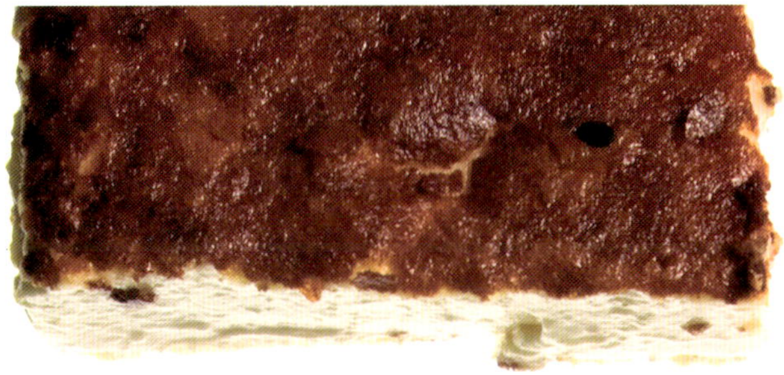

eistich	parmesan	bärlauch		olivenöl		pfeffer	schnittlauch
weiße sauce		zitronen					

pochiertes ei in sour mit parmesan

- zwiebel in scheiben schneiden, bei niedriger hitze langsam in olivenöl anschwitzen, mit weißwein und weißem balsamico ablöschen, mit getrocknetem majoran, salz, pfeffer und zucker abschmecken.
- die eier in salzwasser pochieren.
- würfelig geschnittenes schwarzbrot in einer pfanne mit knoblauch und rosmarin knusprig braten, auf küchenpapier abtropfen lassen.
- anrichten, parmesan, schnittlauch, majoran.

	eier	zwiebel	schwarzbrot	weißwein	olivenöl	getr.majoran	majoran
			parmesan	weißer balsamico		salz	schnittlauch
						pfeffer	

spinat mit bratkartoffeln und spiegelei

- geschnittene zwiebel und knoblauch anschwitzen ohne farbe nehmen zu lassen, mit mehl bestauben, gut durchrühren, spinat und obers beifügen, mit salz, pfeffer, muskatnuss und gemahlenem koriander würzen, pürieren.
- anrichten, bratkartoffeln, spiegelei.

bratkartoffel		kartoffeln	mehl	obers	salz		
spiegelei		spinat			pfeffer		
		zwiebel			muskatnuss		
		knoblauch			koriander		

geeiste eierspeis mit forellenkaviar

- anrichten, geeiste eierspeis, forellenkaviar.

geeiste eierspeis	forellenkaviar						

kartoffel-blutwurstcarpaccio mit kren

- kartoffel bissfest kochen, in dünne scheiben schneiden, auf einem teller auflegen, mit dünnen blutwurstscheiben belegen, salzen, pfeffern, bei starker oberhitze gratinieren.
- anrichten, geriebener kren, kalbsjus, thymianöl.

blutwurst		kartoffel				salz	
kalbsjus		kren				pfeffer	
thymianöl							

blutwurststrudel mit safranapfel und frittierten artischocken

- blutwurst in strudelteig einschlagen, mit verquirltem ei bestreichen, im ofen bei 180°c knusprig backen.
- artischocken putzen, die böden in feine streifen schneiden, mit zitronensaft und pfeffer marinieren, in öl frittieren, abtropfen lassen, salzen.
- kartoffel schälen, in salzwasser weich kochen, ausdampfen lassen, durch ein sieb streichen, mit butter und warmer milch zu einem püree verrühren, mit salz, pfeffer und muskatnuss würzen.
- weißwein und apfelsaft mit zimt, nelken, ingwer, salz, pfeffer, koriander, rosmarin, zucker und safran aufkochen, geschälte und geachtelte äpfel beifügen, kurz durchziehen lassen.
- anrichten, preiselbeeren, estragon.

blutwurst	ei	artischocken		preiselbeermarm.		pfeffer	estragon
strudelteig		kartoffel mehlig		pflanzenöl		salz	rosmarin
		ingwer				zimt	
						nelken	
						koriander	
						zucker	
						safran	

blunzenravioli mit fisolen und jungem knoblauch

- nudelteig dünn ausrollen, kreise ausstechen, die ränder mit verquirltem ei bestreichen, eine scheibe blutwurst darauf setzen, mit einem zweiten kreis bedecken, ränder zusammendrücken, in salzwasser kochen.
- fisolen in salzwasser blanchieren, kalt abschrecken.
- knoblauch in butter bei niedriger hitze anschwitzen, mit weizenbier ablöschen, fisolen beifügen, mit zitronensaft, salz und pfeffer abschmecken, mit den ravioli durchschwenken.
- anrichten, gepresster kalbskopf.

blutwurst		fisolen		butter	weizenbier	pfeffer	schnittlauch
nudelteig		junger knoblauch					
gepresster kalbskopf		zitrone					

blutwurst im speckmantel mit rotem rübensalat

- rote rüben in salzwasser mit kümmel, lorbeerblatt, wacholder und balsamico weich kochen, schälen, in spalten schneiden, mit apfelessig, kümmel und walnußöl marinieren.
- kartoffel in salzwasser weich kochen, schälen, in dünne scheiben schneiden, die scheiben mit salz, pfeffer und muskatnuss würzen, mit blutwurstscheiben übereinander schichten, mit speck umwickeln, von beiden seiten anbraten.
- anrichten, petersilie.

blutwurst	speck	kartoffel		apfelessig		kümmel	petersilie
		rüben rot		walnußöl		lorbeer	
				balsamico		wacholder	
						muskatnuß	
						salz	
						pfeffer	

hühnerkeule mit blunzn gefüllt, kaspressknödel, kohlrabi, erbsen und minze

- den knochen der hühnerkeule auslösen, die innenseite mit dijonsenf bestreichen, mit thymian bestreuen, pfeffer, mit blutwurst belegen, zusammenrollen, mit zahnstocher fixieren, von allen seiten anbraten, im ofen bei 160°c fertig garen.
- gewürfelte zwiebel in butter glasig dünsten, milch und eier beifügen, mit muskatnuss, salz und pfeffer würzen, mit semmelwürfeln und würfelig geschnittenem käse vermengen, zu laibchen formen, von beiden seiten anbraten.
- in etwas butter und prosecco den kohlrabi weich dämpfen, die erbsen beifügen, mit etwas hühnerfond aufgießen, liebstöckel und minze zugeben, abschmecken.
- anrichten.

blutwurst	hühnerkeule	kohlrabi	semmelwürfel	milch			minze
kaspressknödel	eier	erbsen		olivenöl	prosecco	pfeffer	liebstöckel
				dijonsenf		salz	thymian

blunzen mit gänseleber und apfelkompott

- gänseleber von sehnen und adern befreien, in scheiben schneiden, mit mehl bestäuben, auf beiden seiten in einer pfanne mit rosmarin und thymian anbraten, rasten lassen, vor dem anrichten salzen.
- den bratenrückstand mit süßwein ablöschen, eventuell mit butter binden.
- anrichten, apfel-vanillechutney, kalbsjus, pfeffer, gemahlener koriander.

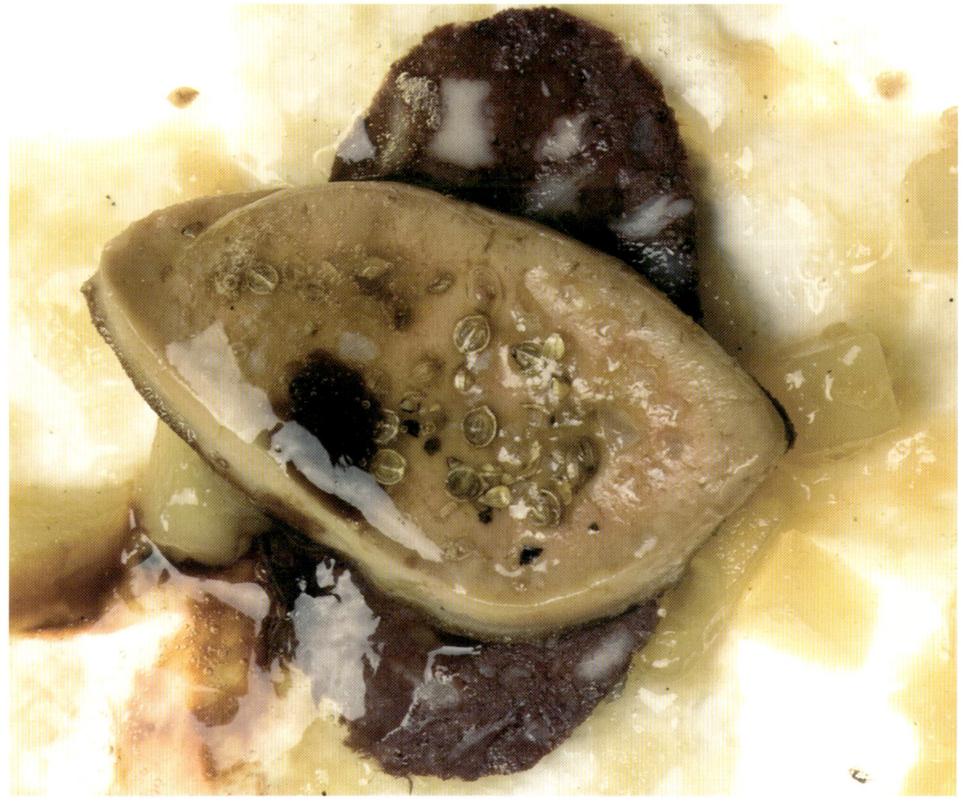

blunzn	gänseleber	mehl			portwein	salz	rosmarin
apfel-van.chutney						pfeffer	thymian
kalbsjus						koriander	

moules im gemüse-weißweinfond

- gemüse anschwitzen, moules beifügen, würzen, mit weißwein ablöschen, kräuter beifügen, mit butter binden.
- kartoffel in stiffte schneiden, in öl bei 160°c frittieren, auf küchenpapier abtropfen lassen, vor dem anrichten nochmals bei 200°c 2 min frittieren, abtropfen lassen.
- anrichten, olivenöl, aioli.

aioli	moules	knoblauch		olivenöl	weißwein	korianderkörner	petersil
		zwiebel		butter		pfeffer	liebstöckl
		paprika rot + gelb				salz	
		stangensellerie					
		sellerie					
		karotten					
		rüben gelb					
		cocktailtomaten					

moules mit weißem spargel

- spargel schälen, in salzwasser mit butter, altem weissbrot und zitrone kochen, abschrecken.
- moules anschwitzen, würzen, mit spargelfond ablöschen, kurz dünsten, spargel beifügen, mit zitronensaft abschmecken, mit butter binden.
- anrichten, walnussöl, kerbel, schnittlauch.

	moules	w. spargel	weißbrot	walnußöl		korianderkörner	kerbel
		zitronen		butter		salz	schnittlauch
						pfeffer	

moules mit gurken-fenchelsalat

- gurken und fenchel einsalzen, durchziehen lassen, ausdrücken, marinieren.
- moules anschwitzen, würzen, mit pernod und fischfond ablöschen, fertig dünsten.
- anrichten, dille, zitronenzesten, limettenöl, schnittlauch.

limettendressing	moules	gurken			pernod	salz	dille
		fenchel			fischfond	weißer pfeffer	schnittlauch
		zitronen			limettenöl		fenchelgrün

moules im tomaten-chorizofond

- zwiebel und knoblauch anschwitzen, moules und chorizo beifügen, würzen, mit bier ablöschen, mit schweinsfond aufgießen, fenchel, stangensellerie und rosmarin beifügen, leicht köcheln lassen.
- mit butter binden.
- anrichten, selleriegrün.

schweinsfond	moules	fenchel	tomatenmark	butter	bier	korianderkörner	petersil
	chorizo	knoblauch				pfeffer	selleriegrün
		zwiebel				salz	rosmarin
		stangensellerie				paprikapulver süß	
						lorbeerblatt	
						wacholder	

moules mit tomatensauce und pesto

- moules anschwitzen, würzen, mit gin und weißwein ablöschen, fertig dünsten.
- tomatensauce beifügen.
- anrichten olivenöl, pesto, basilikum

tomatensauce	moules			olivenöl	weißwein	koriander	basilikum
pesto						pfeffer	
						salz	

moules mit orangen-rosmarinsalat

- gemüse schneiden und marinieren.
- moules anschwitzen, würzen, mit weißwein und orangensaft ablöschen, fertig dünsten, mit gemüse vermengen, kurz durchziehen lassen.
- anrichten, rosmarinpesto, koriander.

tomatendressing	moules	tomaten			orangensaft	pfeffer	koriander
rosmarinpesto		paprika			weißwein	salz	
		orangen					
		rote zwiebel					
		chilli					

moules mit brotsuppe und dunklem bier

- gewürfelte zwiebel und knoblauch anschwitzen, rosmarin, majoran, kümmel und paprikapulver beifügen, mit geflügelfond und bier aufgießen, gewürfeltes weißbrot beigeben, mit einem schuss obers pürieren.
- moules mit angedrückter knoblauchzehe anschwitzen, würzen, rosmarin und thymian beifügen, kurz mitbraten, mit dunklem bier ablöschen, kräuter entfernen, mit biersuppe aufgießen, kurz aufkochen.
- anrichten, majoran, rosmarinöl.

biersuppe	moules	jungzwiebel	weißbrot		dunkles bier	kümmel	rosmarin
rosmarinöl		stangensellerie				koriander	thymian
		knoblauch				pfeffer	majoran
		zwiebel				salz	
						majoran	
						paprikapulver	

maischerl mit zwetschkenkraut

- schweinsköpfe gut waschen, mit essig, weißwein, zwiebel, knoblauch und den gewürzen, so lange kochen bis sich das fleisch von selber vom knochen löst, immer wieder den schaum abschöpfen, abseihen, das fleisch auslösen.
- rollgerste mehrere stunden wässern, mit lorbeer und wacholder weich kochen, abseihen.
- gewürfelte zwiebeln und knoblauch in butter anbraten, würzen, mit dem fleisch, der rollgerste, den bröseln und den eiern faschieren, zu laibchen formen, in das gut gewässerte schweinsnetz einschlagen, von beiden seiten mit thymian anbraten, im ofen fertig garen.
- weißkraut schneiden, zwiebel anbraten, mit zucker karamellisieren, mit weißwein ablöschen, weißkraut beifügen, mit salz, pfeffer, kümmel, lorbeer würzen, langsam weich dünsten, die entkernten und in spalten geschnittenen zwetschken beifügen, mit butter binden.
- anrichten.

	schweinskopf	zwiebel	rollgerste	weißwein	butter	salz	
	speck	knoblauch	brösel			pfeffer	
	schweinsnetz	weißkraut				piment	
	eier	zwetschken				lorbeer	
						wacholder	
						nelken	
						kümmel	

mangalitza schweinsbraten mit zirben-birnenpürée

- die schwarte der schulter kreuzweise einschneiden, mit pfeffer, kümmel und senf einreiben, von allen seiten gut anbraten, heraus nehmen, in eine bratenpfanne setzen, gemüse und gewürze beigeben, den bratenansatz mit rindsuppe ablöschen, über das fleisch gießen, im ofen bei 160° C braten, immer wieder mit bier und dem bratensaft übergießen, gegen ende der garzeit, die temperatur auf 220° C erhöhen, um eine knusprige kruste zu erhalten.
- vom bratensaft etwas fett abschöpfen, langsam einreduzieren, eventuell mit butter binden.
- anrichten, zirben-birnenpüree.

rindsuppe	schweinsschulter	karotten		bier	olivenöl	salz	
		knoblauch			butter	pfeffer	
		zwiebel				kümmel	
		sellerie				wacholder	

kopf und rücken vom kalb mit polenta

- butter mit rosmarin und salbei leicht erhitzen, kalbsrücken in die pfanne legen, geviertelte tomaten beifügen und bei geringer hitze und ständigem übergießen fertig garen, rasten lassen, die sauce abschmecken.
- kalbskopf dünn aufschneiden.
- anrichten, cremige polenta.

cremige polenta	kalbsrücken	tomaten			olivenöl	salz	rosmarin
	kalbskopf				butter	pfeffer	salbei
						koriander	

presskopf mit bärlauch und kapernmayonaise

- anrichten, presskopf, bärlauchpesto, kapernmayonaise, kapern, schnittlauch.

presskopf		kapern					schnittlauch
bärlauchpesto							
kapernmayonaise							

saure suppe mit räucherforelle und presskopf

- den schweinsfond erhitzen, sauerrahm mit etwas mehl verrühren, in den fond einrühren, nicht mehr kochen, mit kümmel, muskatnuss und pfeffer abschmecken, eventuel etwas obers zugeben.
- pumpernickel von beiden seiten anbraten.
- anrichten, presskopf, räucherforelle, majoran, schnittlauch, walnußöl

presskopf	räucherforelle		pumpernickel	walnussöl		pfeffer	schnittlauch
schweinsfond			mehl	sauerrahm		kümmel	majoran
				obers		muskatnuß	

presskopf mit warmem kartoffelsalat und rotem zwiebel

- kartoffel in salzwassser kochen, schälen, schneiden, marinieren mit heißer rindsuppe, zucker, muskatnuß, senf, salz, pfeffer, essig, öl.
- anrichten, presskopf, geriebener kren, schnittlauch.

presskopf		rote zwiebel		pflanzenöl		pfeffer	schnittlauch
rindsuppe		kren		hesperiden essig		salz	
		kartoffel festkochend		estragon senf		muskatnuss	
						zucker	

kalbskopf mit eingelegtem kürbis und blattsalat

- zwiebel fein schneiden, blattsalate und kräuter zupfen, mit apfelessig und kernöl marinieren.
- kürbiskerne rösten, in kernöl durchschwenken, salzen.
- kalbskopf dünn aufschneiden.
- anrichten, eingelegter kürbis.

eingelegter kürbis	kalbskopf	blattsalate	kürbiskerne	kernöl		pfeffer	dille
		zwiebel rot		apfelessig		salz	petersilie
							schnittlauch
							kresse

presskopf mit kräutersalat und kernöl

- presskopf dünn aufschneiden.
- rote zwiebel in dünne scheiben schneiden.
- salat und kräuter zupfen, die tomate ausdrücken, mit apfelessig und kernöl marinieren.
- anrichten.

presskopf		zwiebel rot		kernöl		pfeffer	majoran
		häuplsalat		apfelessig		salz	thymian
		ruccola					dille
		babyspinat					fenchelkraut
		tomaten					petersilie

selleriepüree mit artischocken und kräutersalat

- artischocken putzen, die herzen in spalten schneiden, mit geschnittenem zwiebel, rosmarin, thymian, lorbeerblatt, wacholder in reichlich olivenöl anschwitzen, mit weißwein und pernod aufgießen, zugedeckt weich dünsten, mit salz, pfeffer, koriander, petersilie und zitronensaft abschmecken.
- frisée, basilikum, dille und thymian zupfen, marinieren.
- anrichten, selleriepüree, gewürzcracker, hanföl

selleriepüree		rote zwiebel			weißwein	wacholder	thymian
gewürzcracker		artischocken			pernod	lorbeer	rosmarin
thymiandressing		frisée					
		zitrone					

kohlrabi-linsenmillefeuille mit gin und wacholder

- kohlrabi schälen und in in feine scheiben schneiden, mit selleriefond und etwas butter weich dünsten.
- linsen waschen, separat weichkochen, abseihen, in erdnussöl mit schwarzem sesam, zwiebel und curry anschwitzen, die hälfte der gelbe linsen beifügen mit dem kochsud und etwas kokosmilch aufgießen, pürieren, durch ein sieb streichen.
- fisolen in salzwasser blanchieren, kalt abschrecken.
- geschnittenen zwiebel anschwitzen, die restlichen linsen und die fisolen beifügen, mit selleriefond aufgießen, mit butter binden, abschmecken mit dille, salz, cayennepfeffer und kümmel, die hälfte der linsen mit dem püree vermengen und schichtweise mit den kohlrabischeiben anrichten.
- weiße sauce mit gin aromatisieren, aufschäumen.
- anrichten, petersilöl.

selleriefond		fisolen grün	linsen gelb	kokosmilch	gin	curry	dille
weiße sauce		zwiebel	linsen schwarz	butter	sesam schwarz		
petersilöl				erdnussöl			

ratatouille im auberginenblatt mit gratiniertem ziegenkäse

- auberginen der länge nach in dünne scheiben schneiden, einsalzen, ausdrücken, mit rosmarin, thymian und knoblauch anbraten, abtropfen lassen.
- linsen abspülen, mit lorbeerblatt, einer halben zwiebel, kümmel und salz weichkochen, abseihen, in butter schwenken, mit marillenbrand ablöschen und mit buttersauce binden.
- ziegenkäse in spalten schneiden, bei starker oberhitze gratinieren.
- zucchini, auberginen und paprika würfelig schneiden, gewürfelten zwiebel und knoblauch anschwitzen, gemüse beifügen, tomatenmark unterrühren mit etwas selleriefond aufgießen, etwas tomatensaft beifügen, mit rosmarin, thymian, salz und pfeffer würzen.
- eine rundform mit dem auberginenblatt auslegen, mit ratatouille auffüllen, ziegenkäse darauf.
- anrichten, weiße sauce, leinöl, leinsamen.

selleriefond	ziegenkäse	aubergine	leinsamen	olivenöl	weißwein	pfeffer	thymian
weiße sauce		zucchini	linsen gelb	leinöl	marillenbrand	salz	rosmarin
ratatouille		paprika	linsen grün				
		zwiebel rot					
		jungzwiebel					
		zwiebel					
		knoblauch					

mais mit roten zwiebeln und sherry

- maiskolben in salzwasser kochen, abschrecken, der länge nach halbieren, in scheiben schneiden, die hälfte der körner vom kolben schneiden, die scheiben mit knoblauch und geviertelten roten zwiebeln anbraten, aus der pfanne nehmen, die maiskörner in der selben pfanne erhitzen, mit sherry ablöschen, mit butter binden, mit cayennepfeffer, salz und pfeffer abschmecken.
- anrichten, majoran, kalbsjus.

cremige polenta		maiskolben			sherry	pfeffer	thymian
kalbsjus		rote zwiebel				cayennepfeffer	majoran
		knoblauch					

weißer rübensalat mit zitrone, artischocken und schwarzem pfeffer

- rettich raspeln, einsalzen, thymian zupfen, wacholder zerreiben, beifügen, über nacht ziehen lassen, gut ausdrücken mit apfelessig und traubenkernöl marinieren.
- zitronen mit grobem meersalz bestreuen, mit einem schuss vodka marinieren, über nacht ziehen lassen.
- artischocken putzen, die herzen in spalten schneiden, mit geschnittenem zwiebel, rosmarin, thymian, lorbeerblatt, wacholder in reichlich olivenöl anschwitzen, mit weißwein und pernod aufgießen, zugedeckt weich dünsten, mit salz, pfeffer, koriander, petersilie, zitronensaft abschmecken.
- anrichten, traubenkernöl.

		rettich		traubenkernöl	weißwein	pfeffer	thymian
		zitronen		apfelessig		wacholder	

tomaten mit ziegenkäse gefüllt und petersil-knoblauchöl

- von den cocktailtomaten die kappe abschneiden, das fruchtfleisch entfernen, mit grobem meersalz bestreuen, mit olivenöl beträufeln, im ofen bei 160°c schmoren.
- ziegenfrischkäse glatt rühren, mit einem spritzsack in die geschmorten tomaten füllen, bei starker oberhitze gratinieren.
- tomaten in dünne scheiben schneiden, mit meersalz und pfeffer bestreuen, 1 stunde ziehen lassen.
- anrichten, tomatensauce (kalt), petersil-knoblauchöl.

tomatensauce	ziegenfrischkäse	tomaten					
petersil-knoblauchöl		tomaten gelb					
		cocktailtomaten gelb					
		cocktailtomaten rot					

geschmorte feige mit getrockneten tomaten und couscous

- feige so anschneiden, dass man sie zum stern ausbreiten kann, in olivenöl auf der hautseite mit knoblauchzehe, lorbeer, und wacholder anbraten, mit rotem portwein und cassis ablöschen, im ofen bei 120°c 8 min. weitergaren, immer wieder mit der sauce übergießen, mit butter binden.
- fisolen putzen, in salzwasser bissfest blanchieren, in butter mit etwas selleriefond schwenken, mit einem blanchiertem schnittlauchhalm binden.
- getrocknete tomaten in olivenöl, mit knoblauch, rosmarin und thymian leicht anschwitzen, mit gin und selleriefond ablöschen, den saft einer ausgepressten tomate beifügen, mit koriander, salz und pfeffer abschmecken.
- pinienkerne mit rosmarinzweigen leicht anrösten, salzen.
- selleriefond zum kochen bringen, couscous einrühren, abschmecken, mit olivenöl durchrühren.
- anrichten.

selleriefond		fisolen gelb	pinienkerne	olivenöl	portwein rot	koriander	rosmarin
		feigen	getrocknete tomaten	butter	cassis	wacholder	thymian
		knoblauch	couscous			lorbeerblatt	schnittlauch
		tomaten				salz	

fisolensalat mit grüner tomatenmarmelade und pekannuss

- fisolen putzen, in salzwasser bissfest blanchieren, kalt abschrecken, der länge nach halbieren, marinieren.
- tomaten in sehr feine scheiben schneiden, mit salz, pfeffer und zucker bestreuen und eine stunde durchziehen lassen.
- frisée, zupfen, marinieren.
- anrichten, tomatenmarmelade, pekannuss, koriander, liebstöckel.

grüne tomaten-marmelade		fisolen gelb	pekannüsse			koriander	liebstöckel
petersilöl		frisée				salz	
limettendressing		grüne tomaten					

rotes rübenrisotto mit weißer rübe und koriander

- rote rüben in salzwasser mit kümmel, lorbeerblatt, wacholder und balsamico weich kochen, schälen, die hälfte in kleine würfel schneiden, dem risotto beifügen.
- die andere hälfte halbieren, in olivenöl erwärmen, mit rotem rübensaft und balsamico ablöschen, leicht einreduzieren, mit butter binden.
- weiße rüben schälen, im selleriefond weichkochen, halbieren, in butter schwenken, abschmecken. den kochsud einreduzieren, einen schuss obers und geriebenen kren beifügen, mit zitronensaft, pfeffer und koriander abschmecken, aufschäumen.
- anrichten.

		rüben rot		obers		kümmel	
risotto		rüben weiß		balsamico	roter rübensaft		
selleriefond		kren					
		zitrone					

geschmortes gemüse

- rote rüben in salzwasser mit kümmel, wacholder und balsamico weich kochen, schälen, in butter und etwas kochwasser schwenken.
- fisolen in salzwasser blanchieren, kalt abschrecken. in butter und selleriefond schwenken.
- in einem bräter halbierte zwiebeln, knoblauch, lorbeer, wacholder anrösten, mit selleriefond und weißwein ablöschen, tomaten, weiße geschälte rüben, artischocken, getrocknete tomaten, rosmarin und thymian beifügen, im ofen bei 170°c bei ständigem übergießen weich schmoren, gegen ende der garzeit die feigen und die rote zwiebel beigeben, mit gin, salz und pfeffer abschmecken, das gemüse herausheben und in mundgerechte stücke schneiden.
- anrichten, basilikum, pesto.

selleriefond		sellerie	getrocknete tomaten	olivenöl	weißwein	lorbeer	rosmarin
pesto		tomaten		balsamico	gin	wacholder	thymian
		artischoken				kümmel	basilikum
		rüben rot					
		rüben weiß					
		zwiebel rot					
		zwiebel					
		fisolen gelb					

hühnerleber mit eingelegtem kürbis und portwein

- hühnerleber putzen, mit wacholder und rosmarin scharf anbraten, rasten lassen, den bratenrückstand mit hühnerfond und portwein ablöschen, mit butter binden.
- baguette in sehr dünne scheiben schneiden, mit etwas olivenöl im ofen bei 180°c rösten, gegen ende mit thymian bestreuen, pfeffer.
- blattsalate zupfen, basilikum und petersilie zupfen, marinieren.
- hühnerleber zuputzen, anbraten, mit portwein und süßwein ablöschen, dieselbe menge butter wie leber beifügen, mit salz, pfeffer und gemahlenem koriander würzen, mit einem schuss obers mixen, durch ein sieb streichen, in einer terrinenform kaltstellen.
- anrichten, eingelegter kürbis, portweindressing, hühnerleberparfait.

portweindressing	hühnerleber	blattsalat		butter		wacholder	rosmarin
eingelegter kürbis				obers		koriander	
						salz	
						pfeffer	

geflügel-weißweinsuppe mit wachtel, mangold und griesnockerl

- brust und keule von der wachtel auslösen, anbraten, rosmarin und thymian beifügen, im ofen fertig braten.
- wurzelgemüse schneiden, zwiebel schneiden, sautieren, mit weißwein und portwein ablöschen, fenchelsamen beifügen, leicht einreduzieren, mit geflügelfond aufgießen, zum schluss den geschnittenen jungzwiebel beigeben.
- mangold blanchieren.
- anrichten, schnittlauch, olivenöl, grießnockerl

maishendlbrust mit geschmortem rotweingemüse und polenta

- maishendlfilet auf der hautseite langsam braten, hitze erhöhen, wenden. thymian beifügen, im ofen bei 170°c fertig braten.
- zwiebel, karotten, sellerie, champignons, knoblauch in einem bräter anrösten, rosmarin, thymian, pfeffer, wacholder und lorbeerblatt beifügen, mit portwein ablöschen und im ofen fertig schmoren, die sauce abgießen, einreduzieren, mit butter binden, eventuell mit zucker abschmecken.
- maishendlbrust in scheiben schneiden, den bratenrückstand mit geflügelfond und einem schuss sherry ablöschen, mit butter binden, aufschäumen.
- anrichten, cremige polenta, parmesancracker, liebstöckel.

geflügelfond	wachtel	karotten		olivenöl	weißwein	pfeffer	schnittlauch
grießnockerl		gelbe rüben			portwein	fenchel	rosmarin
		sellerie				salz	thymian
		zwiebel					
		knoblauch					
		jungzwiebel					
		mangold					

cremige polenta	maishendlbrust	schalotten		butter	portwein	pfeffer	rosmarin
parmesancracker		junge karotten			cassis	salz	thymian
geflügelfond		champignons				wacholder	liebstöckel
		knoblauch				lorbeerblatt	
		sellerie				koriander	

gebratene entenbrust mit haselnuss-sellerie und rotweinbirne

- rotwein mit zimt , nelken, rosmarin, zucker und pfeffer auf die hälfte reduzieren, geschälte ganze birnen beifügen, weichkochen, abseihen, den sud aufheben, einen teil mit butter binden, birnen kurz durchschwenken, aufschneiden.
- die haut der entenbrust fein einschneiden, langsam auf der hautseite braten, wenden, rosmarin und wacholder beifügen, im ofen bei 170°c rosa braten.
- sellerie in sehr dünne scheiben schneiden, kurz blanchieren.
- haselnuss hacken, mit nelke und zimtstange anrösten, zimt und nelke wieder entfernen, in der selben pfanne die selleriescheiben kurz in butter schwenken, abtropfen lassen, einen löffel selleriepüree in die mitte setzen, zusammen rollen.
- den bratenrückstand mit geflügelfond und weißem portwein ablöschen, mit butter binden.
- anrichten, rotweinbirne, rotweinsauce.

selleriepüree	entenbrust	sellerie	haselnuss	butter		pfeffer	rosmarin
rotweinsauce						zimt	
geflügelfond						nelken	
						wacholder	
						zimtstange	
						salz	
						zucker	

hühnerherzenragout mit wurzelgemüse

- gewürfelte schalotten und knoblauch in weißwein anschwitzen, gewürfeltes gemüse, hühnerherzen, lorbeerblatt, majoran und etwas mehl beifügen, mit weißwein, whiskey und essig ablöschen, leicht köcheln bis die herzen weich sind, mit butter binden, mit salz, pfeffer, petersilie, thymian und liebstöckel würzen.
- anrichten.

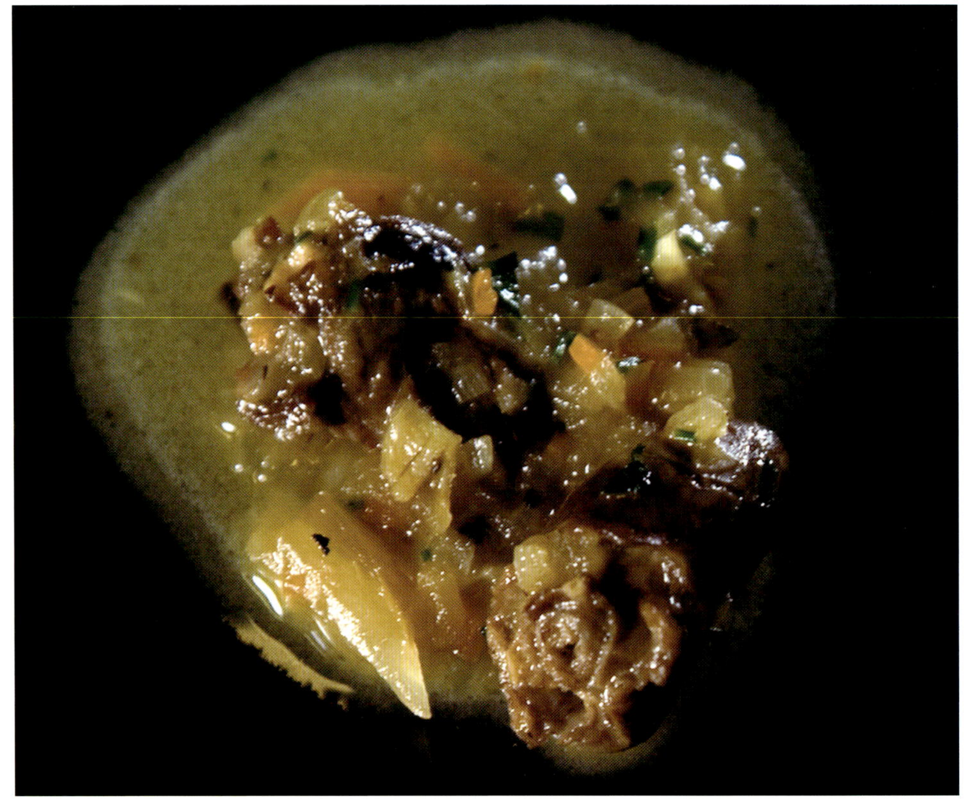

geflügelfond	hühnerherzen	karotten	mehl	olivenöl	weißwein	lorbeerblatt	petersilie
		sellerie		butter	whiskey	majoran	thymian
		rüben gelb			apfelessig	cayennepfeffer	liebstöckel
		schalotten					
		knoblauch					

rotweinravioli mit grünem spargel

- gefrorene hühnerbrust mit gleicher menge obers, eidotter, thymian, majoran, salz im cutter mixen, mit salz, pfeffer und muskatnuss mixen.
- nudelteig ausrollen, kreise ausstechen mit hühnerfarce belegen, mit zweitem kreis abschließen, zu ravioli formen, im reduzierten rotwein über nacht einlegen.
- rotweinravioli kurz im wasser blanchieren, in der cassissauce fertig kochen.
- spargel schälen, wasser mit weißbrot, butter und salz zum kochen bringen, spargel kurz blanchieren, in butter schwenken, mit gemahlenem koriander, salz und pfeffer abschmecken.
- weiße sauce mit lorbeerblatt leicht köcheln, mit kalter butter aufschäumen.
- anrichten, kerbel.

rotweinravioli	hühnerbrust	grüner spargel	weißbrot	butter		koriander	kerbel
cassissauce	eidotter			obers		pfeffer	
weiße sauce						lorbeerblatt	
						salz	
						majoran	
						thymian	
						muskatnuss	

coq au vin

- gemüse (außer den schalotten) würfelig schneiden, mit dem huhn und den nelken in eine schüssel geben, mit rotwein ganz bedecken, über nacht marinieren.
- das huhn herausnehmen, würzen, die marinade abseihen, in einem schmortopf scharf anbraten, herausnehmen, restliches gemüse im selben topf stark anbraten, mehl zugeben, gut umrühren, mit der marinade ablöschen, huhn zugeben, eine stunde leicht köcheln, das huhn herausnehmen, zerteilen, die kochflüssigkeit, nochmal abseihen.
- speck würfelig schneiden, anbraten, auf küchenpapier abtropfen lassen.
- pilze und schalotten anbraten, mit der kochflüssigkeit ablöschen, einreduzieren, mit butter binden.
- anrichten, risotto.

risotto	ganzes huhn	zwiebel	mehl	olivenöl	rotwein	wacholder	rosmarin
	speck	karotten	zucker	butter		lorbeerblatt	thymian
		stangen sellerie				nelken	liebstöckel
		sellerie					
		champions					
		schalotten					

rehfilet mit brennessel-topfennockerl und schalotten

- rehrücken von beiden seiten scharf anbraten, von der flamme nehmen, rasten lassen, bratenrückstand mit wildfond und weißem portwein ablöschen, mit butter binden.
- brennessel-topfennockerl von allen seiten leicht anbraten.
- halbierte schalotten anbraten, hitze reduzieren, butter beifügen, brennessel beifügen und zusammenfallen lassen, mit muskatnuss, salz und pfeffer abschmecken.
- weiße sauce mit zitronenzesten und saft aufkochen, aufschäumen.
- anrichten, gänseblümchen.

wildfond	rehrücken	brennessel		butter		pfeffer	
		schalotten				salz	
brennessel-topfennockerl		gänseblümchen				muskatnuss	
		zitrone					

rehfilet mit petersilwurzeln, birnen und rotem wildreis

- rehrücken von beiden seiten scharf anbraten, von der flamme nehmen, rosmarin, wacholder, und butter beifügen, rasten lassen, immer wieder mit der sauce übergießen, aus der pfanne heben, bratenrückstand mit wildfond ablöschen.
- wildreis mit einer schalotte, nelken und zimtstange kochen, mit salz und pfeffer abschmecken, butter unterrühren.
- geschälte petersilwurzeln und schalotten mit rosmarin und den angedrückten knoblauchzehen anbraten, birnen und maiwipfel beifügen, mit süßwein und maiwipfellikör ablöschen, mit zitrone abschmecken.
- anrichten, petersilie.

wildfond	rehrücken	petersilwurzeln	roter wildreis	butter	süßwein	pfeffer	petersilie
weiße sauce		birnen			maiwipfellikör	salz	rosmarin
		knoblauch				wacholder	
		schalotten				nelken	
		maiwipfel				zimtstange	
		zitrone					

kalter rehrücken mit roten rüben und löwenzahnsalat

- rehrücken von beiden seiten scharf anbraten, von der flamme nehmen, rosmarin, wacholder und butter beifügen, rasten lassen, immer wieder mit der sauce übergießen, aus der pfanne heben, auskühlen lassen, dünn aufschneiden.
- rote rüben in salzwasser mit kümmel, wacholder und balsamico weich kochen, schälen, auskühlen lassen, dünn aufschneiden.
- löwenzahn marinieren.
- anrichten, balsamico, traubenkernöl, pfeffer, salz, koriander

balsamicodressing	rehrücken	löwenzahn		traubenkernöl		koriander	
		rüben rot				salz	
						pfeffer	

off

„auch unsere kreativität ist endlich“

arbeitslos
und
spass
dabei

SONY

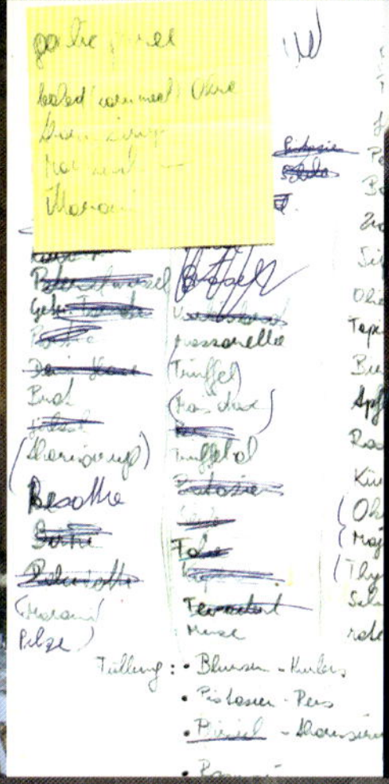

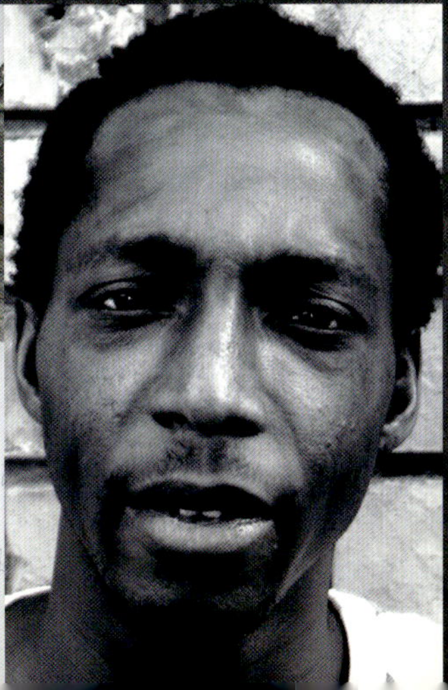

Ruhe am Herd

VON VERENA MAYER

Kochen im Fernsehen ohne Quasselei, ohne Prominente und in Echtzeit – gibt's das?

Ja. danke, Patrick Müller.

Patrick Müller schweigt und schnippelt. Erst Kartoffeln, dann Maiskolben, Petersilienwurzeln und drei Bündel Petersilie. Er schneidet die Haut einer Entenbrust ein, schält Karotten, hackt die Schokolade für den Nachtisch. Sein Gesicht sieht man nicht, der Kopf ist schließlich über Pfannen und Töpfe gebeugt. Und Patrick Müller sagt kein Wort. Man hört nur das Zischen des heißen Öls und das Klappern der Teller. Das wäre für einen Koch nicht weiter ungewöhnlich, in Müllers Fall hat es jedoch fast etwas Revolutionäres. Patrick Müller ist Fernsehkoch.

„Silent Cooking" heißt seine Kochshow, die jeden Donnerstag auf 3sat läuft. Der Titel ist Programm. Eine gute Dreiviertelstunde lang gibt Müller keinen Pieps von sich, er schaut nicht auf und hält schon gar nichts in die Kamera. Die wenigen unentbehrlichen Informationen werden in kurzen Text-Inserts wie „Kartoffeln herunter schneiden" oder „Wenden!" eingeblendet. Die meiste Zeit sieht man Müllers Hände. Wie sie sehr schnell ein sehr scharfes japanisches Messer führen, wie sie Fischstücke ins heiße Olivenöl gleiten lassen, eine Zitrone ausquetschen und danach blitzschnell einen Kern aus der Sauce holen. Feingliedrig und schmal stehen die Hände des Kochs in dieser Kochshow im Mittelpunkt wie bei einem Klavierkonzert die Hände des Pianisten.

Kochsendungen gibt es seit Beginn des Fernsehens. Hatte der erste deutsche Fernsehkoch, ein arbeitsloser Schauspieler, der unter dem Pseudonym Clemens Wilmenrod beim WDR Furore machte, 1953 gerade mal eine Viertelstunde Zeit für sein dreigängiges Menü, beherrschen die Fernsehköche heute die beste Sendezeit. Sie haben ihre eigenen Sendungen, treten bei Johannes B. Kerner auf, führen Halbprominente in die Geheimnisse der Sterneküche ein. Und ob es gediegen zugeht wie bei Alfred Biolek oder eher rau wie bei Tim Mälzer – in Kochshows wird ohne Pause geredet. Über Nährstoffe und Vitamine, über das Einkaufen und die richtige Ernährung. Oder einfach darüber, wie lecker alles sei und wie einfach in der Zubereitung. Die Fernsehköche sind so etwas wie die Prediger des Medienzeitalters. Die Botschaft ist immer dieselbe: Jeder kann gesund leben, denn jeder kann alles nachkochen.

Patrick Müller hat dafür nichts übrig. „Ich habe keine Mission, ich will nichts erreichen. Und wie sich das Land ernährt, ist mir total wurst." Müller sitzt in dem Wiener Restaurant, für das er als Koch arbeitet, und in dem auch die Kochshow aufgezeichnet wird. Er ist 27 Jahre alt, trägt Jeans und ein verwaschenes T-Shirt, auf dem Tisch liegt eine schwarze Baseballkappe, seine Kochmütze. Das dunkle Haar steht in Dreadlocks vom Kopf ab. Patrick Müller wirkt wie ein DJ mit einem sehr abseitigen Musikgeschmack. Auch im Interview verliert er nicht viele Worte. Fragen beantwortet er in kargen Sätzen, erst, als es um Zutaten geht, taut er ein wenig auf. „Zweierkombinationen mag ich. Tomaten und Koriander, Koriander und Karotten, Kaninchen und Kaffee zum Beispiel. Oder Meeresfisch und Obst, das sind Klassiker." Er spricht von „Liebesbeziehungen zwischen zwei Zutaten".

Zum Kochen ist er zufällig gekommen. Zwei Monate vor dem Abitur hat er das Gymnasium geschmissen und hat begonnen zu jobben. Er hat Lackfässer ausgewaschen, später hat er es in einer Küche versucht. „Ich habe gar nichts gekonnt, ich habe nicht einmal gewusst, wie eine Rindssuppe geht." Er verschlang Kochbücher und brachte sich die Grundlagen der Wiener Küche bei. Irgendwann landete er im Restaurant „Molina". Nach drei Wochen kam jemand von Gault Millau vorbei. Patrick Müller kochte Rotkraut mit geeistem Rotwein und Wild, ein Gericht, das er sich selber ausgedacht hatte. Er bekam eine Haube. Wie er so schnell geschafft habe, worauf andere Köche ein Leben lang hinarbeiten? Patrick Müller zuckt mit den Schultern und zündet sich seine dritte Marlboro an. „Ich glaube, es ist Talent." Er hat dann noch im Sheraton Hotel und in kleineren Wiener Spitzenrestaurants gearbeitet. Seit zweieinhalb Jahren ist er nun Küchenchef der Marx Restauration.

Das Restaurant liegt auf dem Gelände des Schlachthofs St. Marx, in einer Gegend, in der Wien noch wie eine abgezehrte osteuropäische Stadt wirkt, grau und abweisend. Der Schlachthof wurde schon vor Jahren stillgelegt, nur die Reste der alten Rinderhalle stehen noch und das prächtige Portal aus der Gründerzeit mit seinen steinernen Stieren. Irgendwann wird das vermutlich ein angesagter Ort sein, ein „Media Quarter" ist schon in Planung. Einstweilen ist auf dem riesigen Areal aber nur die ehemalige Betriebskantine der Fleischer in Betrieb, sie ist jetzt die Marx Restauration. Das Lokal ist auf eine unaufdringliche Weise schick, dunkle Wände, die Küche ragt in den Raum hinein, durch einen Schlitz kann man den Köchen beim Arbeiten zusehen. An der Wand steht ein Büfett mit dem Mittagsmenü, es gibt Frittatensuppe, Szegediner Kraut mit Cidre, als Nachtisch Bananenbrot. Man habe den Charakter des Ortes, den einer Kantine, aufrechterhalten wollen, sagt Patrick Müller. Das Restaurant lebt vom Mittagsgeschäft, das Müller als „Wirtshausküche light" bezeichnet. Ansonsten koche er „kreative österreichische Küche ohne Rindssuppe".

Bei seinen Gerichten erschließt sich, allen Kombinationen zum Trotz, sofort der Charakter jeder einzelnen Zutat. Bei der kalten Tomatensuppe mit Heilbutt und Krabben lenkt nichts vom wässrig-klaren Inneren der Tomaten ab, der Rostbraten mit Apfel, Zwiebel und Wurzelgemüse ist eine strenge Inszenierung, in der doch alle Elemente zur Entfaltung kommen. „Etwas ist dann gut, wenn eine spannende Idee dahintersteckt, wenn alle Bestandteile einen Sinn ergeben", sagt Patrick Müller. Nur Desserts, in Österreich „Mehlspeisen" genannt und ein tragendes Element der Wiener Küche, macht Patrick Müller nicht gern. Weil er die Dinge nicht mehr beeinflussen könne, sobald sie im Backrohr stehen.

Die Besitzerin des Restaurants schneit herein. An diesem Abend ist eine geschlossene Veranstaltung angesetzt, wichtige Leute, Politiker. Was er kochen werde, erkundigt sich die Chefin. Patrick Müller zuckt mit den Schultern. „Das, wozu ich Lust hab'." Die Chefin nickt. Müller sagt, dass er nicht vordenken könne. Er komme von den Zutaten zum Gericht, von dem, was er auf dem Markt sehe. „Schönes Gemüse ist inspirierend." Ansonsten sieht er sich Fotos an, „ich brauche das Visuelle". Bilder seien ihm wichtig, auch Kunst. Er schreibt sich daher auch keine Rezepte auf, sondern fotografiert seine Gerichte.

Eines Tages trat man mit der Idee einer Kochsendung an ihn heran. Patrick Müller willigte unter der Bedingung ein, nichts sagen zu müssen. „Ich will niemandem etwas beibringen. Mein Ziel ist von Teller zu Teller. Kurz bevor man etwas angerichtet hat, kosten und sagen: Das ist gut." Die Redaktion hat die Stille im Nachhinein mit Ambiance-Musik unterlegt, wenn etwas besonders heftig brutzelt, hört man ein paar Gitarrenriffs. Den Verantwortlichen vom Fernsehen gefiel das Ganze immerhin so gut, dass sie „Silent Cooking" einen Sendeplatz nachts um viertel vor eins einräumten. Patrick Müller selbst sagt mit jener Wiener Selbstironie, die immer eine Mischung aus Schüchternheit und Größenwahn ist, dass seine Sendung wahrscheinlich nur von Kiffern gesehen würde. Das stimmt nicht ganz, „Silent Cooking" genießt inzwischen, wie man in diversen Blogs nachlesen kann, selbst unter Kochprofis Kultstatus.

Der Erfolg des Fernsehkochs beruht kurioserweise auf der Verweigerung von allem, was fernsehtauglich ist. Patrick Müller schweigt nicht nur, sein Tempo richtet sich auch nach den realen Produktionsbedingungen einer Restaurantküche. Da sind keine Schälchen vorbereitet und wird kein Ablauf übersprungen – wenn fünf Karotten zu schälen und zu schneiden sind, dann werden fünf Karotten geschält und geschnitten. Nichts lenkt vom Akt des Kochens ab, und der kann eben auch ziemlich langweilig sein. In „Silent Cooking" gibt es keine Dekoration, keine Assistenten, ja nicht einmal Mengenangaben. Es wird auch nicht mit Freunden oder den Produktionsleuten zusammen gesessen wie bei Jamie Oliver oder Tim Mälzer. Wenn Patrick Müller mit einem seiner drei Gänge fertig ist, stellt er den Teller in eine Durchreiche.

Und spätestens, wenn Müller in seinem atemberaubenden Tempo vor sich hin hackt oder ein paar Tropfen eines völlig überflüssig wirkenden Suds einem Püree beimengt, weil das eine Verbindung zwischen den beiden Zutaten herstellt – dann wird klar, dass man eben nicht alles nachmachen kann, wie einem das die Fernsehköche suggerieren. Bei Patrick Müller lernt man, dass Kochen eine Kunst ist wie Klavierspielen. Eine Kunst, die man sich vielleicht autodidaktisch beibringen kann, für die aber Talent die wichtigste Voraussetzung ist und, ja, auch ein bisschen Genie.

TAZ

Kochen ist Gold

VON TILL EHRLICH

Das Brutzeln des Fleisches, das Zischen beim Ablöschen und das Klirren der Teller - das sind die einzigen Geräusche, die es in Patrick Müllers Küchenshow "Silent Cooking" gibt. Hier wird gekocht, nicht gequasselt

Irgendwann, weit nach Mitternacht, geschieht ein Wunder im Fernsehen. Bei "Silent Cooking", einer Kochsendung auf 3sat. Ein junger, drahtiger Mann mit Rastalocken und dunklem T-Shirt kocht mit höchster Konzentration. Er scheint sich wohlzufühlen in seiner Haut, alles, was er berührt, wirkt spielerisch leicht, die Bewegungen scheinen schwerelos. Und was das Schönste ist: Er schweigt.
Es ist keine dieser drögen, einstudierten Kochshows, wo immer etwas längst Vorbereitetes hervorgeholt wird. Der Mann kocht wirklich, jedes Gericht in Echtzeit. Aus den Töpfen steigt Dampf, in den Pfannen zischt es, das Messer klingt rhythmisch beim Hacken, die Teller klirren beim Abstellen. Gerade hat er Nudeln mit Thymianzweigen und lindgrünen Kohlblättchen dekoriert. Die Nudeln schimmern seidig auf dem weißen Teller, es ist ein Uhr siebenundzwanzig am Morgen, und man bekommt Appetit.
Im Fernsehen ist uns das bisher noch nicht passiert. Bei Johann Lafer bekommt man keinen Hunger, in seiner Studioküche wirkt alles perfekt und ungemein steril. Und Alfred Biolek ist ein charmanter Gastgeber, der aber leider überhaupt nicht kochen kann. Wenn Biolek seinen Kurzzeitwecker stellt oder hektisch im Topf herumrührt, verliert das Kochen jede Sinnlichkeit. Tim Mälzer hat Feeling, doch er redet ohne Punkt und Komma, bis auch der letzte Handgriff zerredet ist.
Patrick Müller indes, der Silent Chef, schweigt und kocht. Der 27-Jährige zelebriert kulinarisches Zen im Nullmedium. Wir sehen seiner Kunst zu und begreifen,

dass Kochen ein lebendiger Prozess ist, bei dem man gebannt beobachten kann, wie sich natürliche Zutaten und Produkte in sinnliche Speisen verwandeln. Darüber vergisst man sogar die Musik, mit der die 30-minütige Sendung durchgängig unterlegt ist. "Silent Cooking" ist eine lakonische, coole Kochsendung und die derzeit beste.
Müllers Küche ist keine Studiokulisse, sondern eine echte Küche in Wien, es ist der Ort, an dem er jede Woche von Montag bis Freitag als Alleinkoch in der "Restauration Marx" kocht. Das Restaurant befindet sich im ehemaligen Zentralviehmarkt Sankt Marx im dritten Wiener Gemeindebezirk. Weil die Küche Müllers berufliche Heimat ist, entsteht eine Atmosphäre natürlicher Selbstverständlichkeit: Seine Bewegungen und Schritte sind abgestimmt auf den Raum. Blind greift er über sich auf ein Chromstahlregal in eine Tüte mit Zucker oder schnappt sich eine Flasche Essig. Jeder Handgriff sitzt, die Bewegungen des Kochs sind nicht von stumpfer Routine gezeichnet, sie wirken effizient und präzise. Und Müller entscheidet anhand der Produkte, was er kocht. Er notiert sich keine Rezepte, seine Gericht entstehen beim Kochen.
Kochen ist ein offener Prozess. Ein Kochrezept ist wie eine Partitur, man muss es von innen heraus interpretieren, ohne daran zu kleben. Jeder wird ein Rezept anders kochen und zu einem anderen Ergebnis gelangen. Denn es geht beim Kochen nicht um Messen und Wiegen, es geht nicht darum, die Bratzeit mit der Uhr zu stoppen. Und es geht auch nie um zwei Gramm Salz, sondern immer nur um etwas Salz. Salz muss man zwischen Daumen und Zeigefinger spüren und ins Verhältnis zu den Zutaten bringen. Wer Salz abwiegt, dem bleibt das Kochen verschlossen. Und wer sich von einer Kochanleitung knechten lässt, wird nie im Kochen ankommen.
Meisterschaft besteht beim Kochen darin, Routine und Fähigkeiten zu besitzen und seine Begabung einbringen zu können. Die Begabung besteht aus Sensitivität und Sensibilität. Wenn sie im Kochprozess zu Entfaltung kommen, kann man auf die feinsten geschmacklichen Unterschiede hin schmecken und äußerst differenzierte Geschmacksbilder erzeugen. Kochen ist eine innere Ausdruckshaltung, die darin aufgeht, dass die Zutaten würdig und sinnlich behandelt werden. Wenn man die Ingredienzen dazu bringen will, dass sie ihre geschmacklichen Geheimnisse preisgeben, muss man Gegenwart herstellen. Ein Koch weiß daher, dass in der Küche allerlei geschieht und dass die Dinge ihre Zeit brauchen und er sie rechtzeitig zur Entfaltung bringen muss, damit ihre Geschmäcker, Düfte und Farben zum Vorschein kommen können.
Man kocht mit allen Sinnen, mit dem Sehen, Hören, Riechen, Schmecken und Tasten. Das wichtigste Sinnesorgan ist zweifellos die Nase. Hier entsteht Gegenwart in der sinnlichen Wahrnehmung: Man ist da. Ein echter Koch kocht mit der Nase, er riecht den Dampf, die aufsteigenden Düfte, er wittert die Atmosphäre, riecht, wie und wann eine Speise schmeckt. Deswegen muss er auch nicht alle drei Minuten abschmecken, wie Alfred Biolek in "Alfredissimo". Bei Patrick Müller kann man sehen, dass er mit der Nase kocht. Hier zeigt sich auch die Schwäche des Fernsehens, weil es die Welt der Düfte nicht vermitteln kann.
Genuines Kochen ist keine Show, sondern eine höchst einsame Tätigkeit und wenn man Patrick Müller zuschaut, spürt man plötzlich diesen wunderbaren Sog scheinbar einfacher Abläufe, den man selbst von glücklichen Momenten beim Kochen kennt. Sie sind glücklich, weil man in ihnen den Zwang der Zeit vergisst und ungestört vor sich hin werkelt und einem plötzlich etwas gelingt. Die Mühsal der Alltagskocherei ist mit einem mal wie weggeblasen. Die Hände berühren eine Zwiebel. Die Nase atmet den Duft eines Rosmarinzweiges ein. Die Augen verweilen auf dem Gelb einer Zitrone. Die Finger zupfen Blätter von einem Thymianbüschel ab.
Die Einsamkeit des Alleinkochs ist vielleicht die einzige Form, im kreativen Kochen anzukommen. Das Wesen des Kochens kommt nur dann zur vollen Präsenz, wenn einer allein kocht. Kochen besteht darin, dass man ganz bei sich ankommen muss und sich zugleich für das Anderssein der Dinge öffnet. Man lässt die Zutaten etwas werden, und in diesem glücklichen Moment ist man dann auch nicht mehr allein. Die Tomate kann so zum Akteur werden, sie spielt dann im Kochvorgang ihre Rolle, sie kann in der Soße in Erscheinung treten und eine Geschmacksnote bilden.
Das Kochen vor der Kamera ist selbst für erwiesene Meister ihres Fachs ein Kampf gegen ein Format, das dem Wesen des Kochens fremd ist. Weil die Fernsehköche von Sende- und Garzeit bedrängt sind und glauben, ständig witzig sein zu müssen, und zudem von der Pein des Fernseharbeiters ablenken wollen, fallen sie meist aus dem Prozess des Kochens und damit aus ihrer Welt heraus. In diesen Momenten misslingt ihnen vor der Kamera das Einfachste, und es geschehen Dinge, die ihnen in der konzentrierten Atmosphäre einer Restaurantküche selbst im größten Stress nicht passieren würden.
Ein Sternekoch und echter Könner wie Kolja Kleeberg etwa steht in der Show "Kochen bei Kerner" und rührt einen Chili con Carne zusammen. Während er mit dem Moderator Johannes B. Kerner plaudert, spult er pointiert die Historie aller Zutaten bis ins 17. Jahrhundert zurück ab und weiß die Lacher des Studiopublikums stets auf seiner Seite. Doch dann wird Kleebergs Chili von seinen Kollegen gekostet und als überwürzt und trotzdem fad kritisiert.
Ein paar Tage nach seinem Chili-Desaster besuche ich Kolja Kleeberg in seinem Gourmetrestaurant "Vau" am Gendarmenmarkt in Berlin. Die Speisen sind superb und auf den Punkt hin zubereitet. Hier begegnet man komplexen geschmacklichen Texturen, wie sie in Berlin nur wenige Köche zubereiten können.

Kleeberg wirkt wie ausgewechselt, gelassen und ernst - hier darf er ganz er selbst sein unter den Seinen.
Da mag Sarah Wiener ein noch so raffiniertes Gericht vorführen, das TV-Format folgt eigenen Gesetzen, wenn der Moderator Kerner sich der Köchin zuwendet und sie fragt, was sie heute kochen wolle. Sie sagt "Garnelenschwänze", und dabei zeigt die Kamera nicht etwa die Pfanne, sondern Sarah Wieners Beine und ihren schwarzen Minirock, und das Studiopublikum johlt und pfeift dazu. Zu der Tatsache des Vorgeführtwerdens und Sich-vorführen-Lassens kommt noch hinzu, dass sich Kerners Köche ständig ans Publikum wenden, um irgendwelche Tipps und Tricks zu verkünden; dabei sollen sie jedoch nicht zu fachlich wirken, sondern unterhaltsam. Sie sind in diesen Momenten keine erstklassigen Köche mehr, sondern mediokre Entertainer. Die Kocherei im Fernsehen mag für manchen kurzweilig sein, doch mit dem wirklichen Kochen hat sie herzlich wenig zu schaffen.
Der Österreicher Patrick Müller ist da die große Ausnahme. "Silent Cooking" lebt davon, dass er sich vom Format nicht unterjochen lässt, sondern dass sich das Fernsehen auf den Koch eingelassen hat. So kann Müller ganz bei sich sein, und es entsteht ein eigener Zauber, den man im Fernsehen nicht erwartet. Patrick Müller hat dem Kochen im Fernsehen die Würde geschenkt.

TILL EHRLICH, 42, arbeitete 10 Jahre als Koch und beschäftigt sich jetzt als freier Autor mit Themen rund um den Kochtopf.

TV-Media

Wenn einem der Appetit vergeht

VON HADUBRAND SCHREIBERSHOFEN

Silent Cooking "Reden ist Silber, Schweigen ist Gold!"

Stimmt leider nicht immer ...
Ich liebe Kochsendungen. Bis auf diese eine, ach so innovative: Und die heißt Silent Cooking mit Patrick Müller.
Ich hasse Silent Cooking nicht, weil es sich um eine Produktion des Karin-Resetarits-Freundes Martin Kraml handelt und für die "Donnerstag Nacht" von 3sat in den für die Produktionsfirma noch lukrativeren ORF gehievt wurde.
Ich hasse Silent Cooking nicht, weil der Koch stumm bleibt und mir nicht einfach sagt, was er gerade warum wie zusammenpanscht, sondern stattdessen Schriftinserts die Arbeitsschritte beschreiben. Und dann am Bildschirm "Wasser" zu lesen ist, wenn Wasser aus der Leitung in einen Topf fließt.
Ich hasse Silent Cooking nicht, weil ein erklecklicher Teil der Lebensmittel einfach in den Müll wandert und mir nicht erklärt wird, was ich mit den nicht verwendeten Resten alles anstellen könnte.
Ich hasse Silent Cooking nicht, weil der Koch abwechselnd in seiner Frisur und dann im Essen herumstierlt. Und überhaupt alles irgendwie schmuddelig und die angeblichen Koch-Improvisationen sowieso aufgesetzt wirken.
Ich hasse Silent Cooking nicht, weil das Neonlicht in der Küche des "Marx" jedes Gericht in eine schimmelgrüne Aura des Ungenießbaren taucht.
Ich hasse Silent Cooking nicht, weil ich unbedingt gegen jemanden sein will, der versucht, dem Thema Kochsendung einen neuen Dreh zu verpassen.
Ich hasse Silent Cooking einfach deshalb, weil ich das, was letztendlich auf Herrn Müllers Tellern herumlümmelt, einfach nicht essen will. Nie.

impressum

texte
© patrick müller
außer © rudi stanzel S. 4
außer © jochen gruber S. 42, 46
außer © rolf friesz S. 188

photographen
patrick müller, rolf friesz, luca faccio

grafikdesign
hubert micheluzzi

druck
remaprint, druck- und verlagsgesellschaft m.b.H

photos
© rolf friesz

außer © patrick müller, S. 1, 2, 8, 18, 20, 29, 30, 54, 55, 72, 74, 75, 77, 92, 93, 115, 116, 117, 122, 131, 135, 136, 190, 200, 204, 209, 212, 214, 216

außer © luca faccio, S. 59, 60, 63, 69

außer S. 252 - 255 patrick müller, rolf friesz, luca faccio, kira gagl, richard leingruber, lamin konthe und martin kraml

textinformationen holte patrick müller sich auch aus wikipedia.org

gekocht in der MARX restauration, maria jacobi gasse 2, 1030 wien

weitere infos unter www.silent.at

printed in austria
ISBN 978-3-9502665-0-4

MACADEMIA VERLAG